PSICOLOGIA NO COTIDIANO

Em busca de uma vida melhor

COLEÇÃO COTIDIANO

CIÊNCIA NO COTIDIANO • NATALIA PASTERNAK e CARLOS ORSI
DIREITO NO COTIDIANO • EDUARDO MUYLAERT
ECONOMIA NO COTIDIANO • ALEXANDRE SCHWARTSMAN
FEMINISMO NO COTIDIANO • MARLI GONÇALVES
FILOSOFIA DO COTIDIANO • LUIZ FELIPE PONDÉ
PSICOLOGIA NO COTIDIANO • NINA TABOADA

Proibida a reprodução total ou parcial em qualquer mídia
sem a autorização escrita da editora.
Os infratores estão sujeitos às penas da lei.

A Editora não é responsável pelo conteúdo deste livro. A Autora conhece os fatos narrados, pelos quais é responsável, assim como se responsabiliza pelos juízos emitidos.

Consulte nosso catálogo completo e últimos lançamentos em **www.editoracontexto.com.br**.

PSICOLOGIA NO COTIDIANO

Em busca
de uma vida melhor

NINA TABOADA

editora**contexto**

Copyright © 2020 da Autora

Todos os direitos desta edição reservados
à Editora Contexto (Editora Pinsky Ltda.)

Montagem de capa e diagramação
Gustavo S. Vilas Boas

Coordenação de textos
Carla Bassanezi Pinsky

Preparação de textos
Lilian Aquino

Revisão
Hires Héglan

Dados Internacionais de Catalogação na Publicação (CIP)

Taboada, Nina
Psicologia no cotidiano : em busca de uma vida melhor /
Nina Taboada. – São Paulo : Contexto, 2020.
160 p.

ISBN 978-65-5541-015-0

1. Psicologia 2. Autoajuda 3. Vida pessoal 4. Trabalho
5. Desenvolvimento pessoal I. Título

20-2063   CDD 158.1

Angélica Ilacqua CRB-8/7057

Índice para catálogo sistemático:

1. Psicologia

2020

EDITORA CONTEXTO
Diretor editorial: *Jaime Pinsky*

Rua Dr. José Elias, 520 – Alto da Lapa
05083-030 – São Paulo – SP
PABX: (11) 3832 5838
contexto@editoracontexto.com.br
www.editoracontexto.com.br

Sumário

INTRODUÇÃO		6
1.	SOBRE O "COTIDIANO COMUM"	8
	Cotidiano	9
	Virando a chave	21
	Um "cotidiano integrado"	32
	Acordar	32
	Planejando o dia	41
	Trabalho	46
	Alimentação	77
	Fome emocional	84
	Fome mental	86
	Fome espiritual	88
	Fome física	89
	Buscar prazer e conexão social	93
	Sexo e sexualidade	106
	Descansar	114
	Você sabe descansar?	114
2.	QUEBRA DO COTIDIANO	124
	Crises como possibilidade	139
3.	UM "COTIDIANO LOUCAMENTE SÃO"	144

Introdução

A Psicologia, por si só, é uma provocação! Estudar nossa mente, compreendendo nossos comportamentos e desvendando impulsos inconscientes, é, no mínimo, atrever-se a aceitar que não sabemos tudo a nosso respeito.

A Psicologia provoca, pois ousa olhar para nossa vida e, com seu dedo fundamentado em tantas teorias, vivências e pesquisas, aponta nossas limitações, descobre nossos vícios, descolore ilusões e, com muita petulância, nos comunica que vivemos em uma zona de conforto – situação que pode estar matando algo muito nobre em nós.

Porém, se um dedo da Psicologia revela esse conformismo, outro nos sinaliza a possibilidade de sermos maiores, expandirmos nossos conhecimentos, nosso potencial, conhecendo e agindo de acordo com valores e virtudes que podemos identificar.

Logo, um livro que pretenda invocar os poderes da Psicologia só pode ser válido, vivo e interessante se suscita questionamento, dúvida, incômodo, mas também se mostra caminhos. Levar em conta a Psicologia é um incomodar-se para não se acomodar.

Seria possível uma Psicologia do cotidiano? Uma Psicologia do que é diário, banal, comum, faça chuva ou faça sol? Seria possível trazer para o dia a dia mais básico e demasiadamente humano as reflexões dessa ciência e dessa filosofia que justamente querem nos tirar da rotina ou, pelo menos, nos fazer enxergá-la com outros olhos?

Sim! E não só é possível, como necessário. Compreender nosso cotidiano mais básico, questioná-lo e criar novas possibilidades mais coerentes e interessantes (e, por que não, instigantes) é talvez o maior triunfo que a Psicologia pode conquistar.

Adentrar a sua casa é o desafio que me proponho. Para isso, preciso apenas que você abra a sua porta. Trago uma série de amigos em forma de pensadores, vivências e pesquisas, e acredito que nesse "bate-papo psi" podemos começar "um" e sair "muitos".

1

Sobre o "cotidiano comum"

COTIDIANO

"Janaína acorda todo dia às 4h30
E já na hora de ir para a cama, Janaína pensa
Que o dia não passou,
Que nada aconteceu. [...]
Já não imagina
Quantos anos tem
Já na iminência
De outro aniversário."

("Janaína", Biquíni Cavadão)

Todo dia você acorda e faz tudo *sempre igual*, como a moça apaixonada e previsível da música "Cotidiano", de Chico Buarque?

É provável que sim. O cotidiano é feito de rotinas, que, por sua vez, são compostas de uma coleção de hábitos e regras treinados e reforçados muitas vezes desde a época em que você era criança – e, cá entre nós, devia odiar essas regrinhas, não é mesmo?

"Quando crescer vou ter a minha casa e fazer o que eu quiser!!" – brada o adolescente revoltado com os "nãos" recebidos dos pais. Ironia do destino, talvez, é ver esse mesmo adolescente se transformando em um jovem adulto que, de forma geral, acaba repetindo as mesmas rotinas e sustentando um cotidiano comum à sua origem familiar.

Pare por um instante a leitura deste livro, feche seus olhos e pense: como é um dia comum na sua vida? Uma quarta-feira rotineira?

Bem, de forma geral você *acorda*, tira um tempo (Breves segundos? Longos minutos?) para *planejar seu dia*, ingere algo (Uma bebida? Alimenta-se?) e sai para o *trabalho* (ou estudo). Lá, você geralmente fica tentando *resolver problemas, evitar conflitos* e conseguir algum tipo de *realização* e – melhor ainda – *reconhecimento e/ou aprovação*. São centenas de e-mails a serem gerenciados, ou um cliente (chefe, colega ou professor) difícil e sempre insatisfeito com quem você precisa se relacionar, um projeto aceito a ser comemorado, ou uma certa angústia por conta da reunião de avaliação de desempenho que está por vir. Se você mora em uma grande metrópole, é possível que seus horários de alimentação sigam a rotina de não ter uma rotina. Ou então que você possa contar com a pausa do almoço, ou a de um lanche, para respirar e pensar na vida... ou pensar no próximo e-mail a ser respondido (ou talvez procrastinado), na próxima tarefa ou desafio... Finalmente, termina seu expediente e, para quem pode se permitir, é hora de pensar em algum *lazer*. Pode ser um *happy hour* com amigos, um jantar saboroso, uma maratona de séries, a novela, um filme ou um livro no cair da noite. Alguns guardam energia para uma bela noite de sexo e talvez ainda dê tempo para manejar alguma mensagem do celular ou algum – caramba, outro? – e-mail. Então, chega a hora de descansar e ir dormir. Mas, é claro, sem se esquecer de colocar o alarme do despertador para que, no dia seguinte, o cotidiano recomece no horário de sempre.

Se você tem filhos, acrescente as tarefas de levá-los para escola e buscá-los mais tarde, levá-los para alguma atividade extracurricular, enfrentar alguma reunião com professores, manejar as mensagens do grupo de pais no aplicativo do celular e todas as lutas e abraços que constituem ter em casa crianças ou adolescentes. E, no meio de toda essa rotina, para muitos, ainda é necessário nutrir uma vida a dois, de casal, para além dos papéis sociais, profissionais e familiares, que seja minimamente satisfatória.

É importante ressaltar: há uma série de outras "rotinas básicas" diferentes desse padrão descrito. Há, por exemplo, um grande número de pessoas que não trabalham fora. Geralmente são mulheres que resolveram abdicar da carreira (ou são proibidas de trabalhar). Ainda assim, é possível estabelecer uma relação entre os contratempos do mundo do trabalho e os desafios e os problemas relacionados à gestão de um lar e à responsabilidade pela educação e pelos cuidados com os filhos. Algo que às vezes é assumido quase que exclusivamente pelas mulheres. Há ainda aquelas sobrecarregadas com ambos: o trabalho e a casa. Existem também diferenças sociais (tanto de pobreza e miséria quanto de riqueza e acúmulo de bens) que definem variações nas rotinas individuais. Ou ainda diferenças culturais – religiosas, por exemplo – que fundamentam práticas cotidianas muito específicas.

Porém, respeitando e compreendendo as diferenças entre tantas e tantas rotinas, podemos pensar em um padrão um tanto quanto generalista que abarca os itens destacados anteriormente: acordar, planejar o dia, realizar atividades (geralmente ligadas a trabalho ou estudo), alimentar-se, buscar algum lazer e dormir.

E aí, deu "OK" na maioria desses itens? Se sim, posso afirmar que hoje você vive um cotidiano comum, do cidadão médio comum, agindo para suprir necessidades comuns.

Cuidado: hoje, ser "comum" – estar na média, no "padrão de normalidade" – não significa necessariamente estar saudável, nem sentir-se bem consigo mesmo e com as pessoas à sua volta. A Organização Mundial da Saúde (OMS) alerta, em estudo de 2018 realizado em todos os países das Américas, que o Brasil é a nação com maior número de pessoas sofrendo de transtornos de ansiedade (7,5% da população) e o segundo país com maior número de pessoas com depressão (9,3%), só perdendo para o Paraguai (9,4%). No que se refere a estatísticas mundiais, desde o último estudo divulgado em 2005, a própria OMS afirma que houve um aumento significativo de transtornos depressivos e ansiosos em todo o mundo. Será que o aumento de situações estressantes, a aceleração constante das sociedades modernas e a pressão por desempenho seriam suficientes para explicar o aumento exponencial de pessoas diagnosticadas com transtornos emocionais? O que faz com que uma emoção naturalmente humana se transforme em patologia?

Além do aumento significativo e gradual, nos últimos anos, dos transtornos psiquiátricos diagnosticáveis, outros problemas de saúde podem ser verificados, como sobrepeso, sedentarismo, dificuldades para dormir, dores frequentes no corpo (enxaquecas, tensão muscular, dores na coluna), inflamações e toda uma série de enfermidades que afetam negativamente nossa qualidade de vida. A partir do sinal dado por essas "pequenas" enfermidades, é possível observar uma série de insatisfações, seja na vida profissional, seja na social, seja na afetiva. Multiplicam-se os livros de autoajuda publicados, prometendo muitas vezes a "fórmula definitiva" e as "cinco chaves" para se alcançar a felicidade, a plenitude e até mesmo riqueza e poder. O que tanto se busca nesses livros? Que vazio é esse que de certa forma faz parte dos nossos cotidianos comuns?

Importante ressaltar que viver um "cotidiano comum" não é o mesmo que "levar uma vida simples". Levar uma vida simples é uma escolha feita a partir de valores bem claros e mantida, muitas vezes, por uma sequência de "nãos" às tentações tecnológicas e materialistas que outros cotidianos tendem a oferecer. Ou seja, levar uma vida simples pode não ser nada fácil, mas é uma opção consciente.

Ao analisar com detalhes uma rotina comum que visa suprir necessidades comuns (estou falando aqui de pessoas que vivem em sociedades industrializadas, democráticas e com condições de vida, saúde, educação e acesso à cultura, ou seja, pessoas privilegiadas se pensarmos que uma a cada três pessoas no mundo não tem sequer água potável), consigo vislumbrar algumas situações frequentes. Observo, geralmente, alguém com dificuldades em acordar, apertando pelo menos cinco vezes o botão soneca até o último minuto possível. Em geral, seu dia não foi muito bem planejado e, como é comum já "estar na correria" (expressão típica do "cotidiano comum"), a pessoa toma um café rapidamente, diz "bom-dia-tô-com-pressa-até-mais-tarde-tire-o-lixo" e sai para enfrentar o trânsito já com uma boa dose de adrenalina (um dos hormônios secretados quando estamos sob estresse) nas veias e agressividade. Seja no transporte público, seja em um carro particular, essa pessoa já se encontra no "estado de luta ou fuga", termo técnico utilizado nos estudos sobre medo e ansiedade que se refere a uma série de comportamentos fisiológicos e psicológicos em situações estressantes. O corpo fica tenso, liberando uma série de substâncias que a deixa em alerta e que vão minando, pouco a pouco, a saúde do seu organismo e a capacidade produtiva do seu cérebro.

O trabalho tende a ser uma arena, seja de lutas internas (dificuldade em ser mais produtivo, manter o foco, fugir das distrações do celular e manejar muitas vezes conflitos morais), seja de externas (dificuldade de comunicação e relacionamento interpessoal, ambientes de trabalho abusivos e/ou exaustivos).

Às vezes, essa pessoa ouve uma história de alguém que largou tudo para "viver o próprio sonho" e fica se perguntando se não deveria fazer igual. "Afinal, por que mesmo estou nesse trabalho, nessa profissão? Qual o propósito disso?" Hora de mais um café (já deve ser o quarto ou quinto) para não pensar e adiar algumas tarefas incômodas do dia.

Nessa arena cotidiana, onde se tem a impressão de correr maratonas, não há muito tempo para almoçar com calma, pensar, refletir, confraternizar. Em determinados lugares, é comum ficar até mais tarde no trabalho, pois "não deu tempo" de fazer o que era necessário. Nunca dá. Às vezes nem é de bom tom que dê, afinal, é preciso "dar o sangue pela empresa" e o primeiro a chegar e o último a sair é sempre bem visto pelos chefes: "Esse sim é batalhador!".

Finalmente, na hora de ir para casa, esse alguém está exausto, sem conseguir raciocinar direito. Leitura? Estudo? Pensar em algo maior, mais profundo, na vida? Não dá. Não há forças para isso. Em casa, é preciso lidar com outras demandas, as domésticas. (Especialmente para as mulheres, em geral, começa o "terceiro turno do trabalho", em que toda a gestão da empresa "lar" demanda sua atenção. Os psicólogos sabem que, quando se trata de *transtornos de humor*, no espectro da ansiedade e depressão, as mulheres são as que, estatisticamente, mais sofrem.)

Voltando ao "cotidiano comum". Ao chegar em casa depois de um dia de trabalho, busca-se ver qualquer coisa que passe na televisão como forma de entretenimento. Alguma comida rápida, malfeita e gordurosa traz um pouco de conforto. Algumas horas nas redes sociais proporcionam evasão, mas também um tanto de frustração por não estar levando a vida maravilhosa que aparentemente "todo mundo" vive e mostra no Instagram... A noite termina com o corpo capotando na cama, talvez um sono picado, uma insônia leve ou uma noite com pesadelos boicotando o momento reservado ao descanso. Talvez alguma droga seja usada para ajudar a desligar, à força, essa mente que não para de se preocupar com problemas ou listar tarefas pendentes.

Esse é resumo do que chamamos aqui de "cotidiano comum".

Pensando bem, ninguém deseja criar e manter intencionalmente esse tipo de rotina, então por que é tão frequente vivê-la?

Para além de leituras sociais, culturais, antropológicas e filosóficas, arrisco dizer: porque é seguro (ou parece ser). Afinal, não é o que "todo mundo faz"? Uma vida ocupada em estudar/trabalhar, construir uma carreira "sólida" em uma mesma empresa, casar, ter filhos, aposentar-se era a melhor vida possível para seus pais, avós, bisavós. Mas, para você, também é? Em um mundo que parece fazer de tudo para que você seja qualquer pessoa, menos você mesmo, um cotidiano vivido no "piloto automático" da mente funciona muito bem para amortecer sonhos e desejos de uma vida mais autêntica e fazer com que suas rotinas sejam mais parecidas e alinhadas com a vida da maioria da população. Cuidado: diante das promessas de segurança, estabilidade e alguma noção vaga de sucesso, a intolerância à incerteza, à mudança, ao erro, à instabilidade e à vulnerabilidade pode levar sua vitalidade embora. Você acaba se sentindo menos disposto ou aberto às mudanças inevitáveis da vida, gastando muita energia perseguindo ideais que muitas vezes não são seus e tentando controlar variáveis que não são controláveis. A vida vira uma luta constante na sua mente.

Que tal virar a chave?

VIRANDO A CHAVE

Janaína é beleza de gestos, abraços,
Mãos, dedos, anéis e lábios
Dentes e sorriso solto
Que escapam do seu rosto. [...]
Mas ela diz
Que apesar de tudo
Ela tem sonhos
Mas ela diz
Que um dia a gente há de ser feliz

("Janaína", Biquíni Cavadão)

Se eu pudesse construir um *termômetro* que medisse a qualidade do cotidiano, o faria obedecendo a uma escala ascendente de quatro dimensões.

Começaria em um estado sem temperatura, calor ou vida que chamaria de *cotidiano patológico*. Levado por algum transtorno emocional e/ou existencial, esse seria um cotidiano permeado por prisões, marcado pela inércia, pelo desinteresse, oscilando entre a indiferença e a ira. Sem adentrar agora nas causas que podem levar uma pessoa a viver esse tipo de cotidiano (ter sofrido negligência ou abuso dos pais, ou *bullying* na infância, sofrer de dependência química ou desamparo social, entre outros), um cotidiano patológico pode ser identificado tanto pela ausência completa de uma rotina ou de hábitos voltados para algum objetivo, quanto por hábitos voltados à clausura (isolamento social, ao se negar a sair de casa, fora de tempos de pandemia,

claro), ao medo (evitar
de forma crônica algo im-
portante, por exemplo, por re-
ceio do julgamento ou de falhar),
à indiferença e à solidão. O cotidiano
patológico não é o foco deste livro, mas
enfatizo aqui que é algo que necessita de tratamento clínico. Na grande maioria das vezes, a
pessoa precisa de ajuda especializada e qualifi-
cada para sair dessa dimensão deletéria e poder
viver um cotidiano mais saudável.

Numa segunda escala, já com alguma
temperatura, podemos pensar no *cotidiano
comum* descrito na seção anterior. É o dia
a dia "morno", que envolve movimento,
ações e até metas, mas talvez não ga-
ranta Vida (com V maiúsculo), pois é
o que se vive quando se age no "piloto automático" das crenças sociais,
familiares e culturais, quando se
deixa de pensar por si mesmo.

Na terceira escala, beirando
uns 37 graus, quente, mas não
patológico, estaria o que defino como o *cotidiano integrado*.
Nele, há mais clareza sobre o
estilo de vida que se preten-
de levar. Esse cotidiano

integra as diferentes dimensões da vida em um todo coerente e funcional, ou seja, você consegue empregar as estratégias necessárias e eficientes para alcançar aquilo que deseja ou de que precisa. Não há uma mera repetição de padrões sociais e familiares, pois aqui são feitas escolhas de vida mais conscientes e pessoais. O cotidiano integrado mantém a mesma base rotineira do cotidiano comum: acordar, planejar o dia, trabalhar/estudar, buscar reconhecimento no trabalho e resolver problemas, alimentar-se, buscar lazer e satisfação, descansar; porém, ele se desenrola de uma forma mais produtiva, coerente e harmônica. Ou seja, você age mais do que procrastina, suas ações são coerentes com seus objetivos e valores pessoais e você consegue construir rotinas que não brigam entre si, pois partem de uma reflexão pessoal mais aprofundada: "O que realmente eu desejo?".

Um cotidiano integrado permite uma percepção de crescimento e evolução pessoal/profissional. Não é apenas uma rotina cheia de obrigações repetitivas e desconectadas do que é importante para você. No cotidiano integrado, a pessoa avança um pouco além de sua zona de conforto, pois só assim é possível crescer e enfrentar de forma saudável as etapas e fases da vida, aprendendo e se permitindo ser transformado por elas. Não esquecendo que, não importa que tipo de rotinas você constrói na sua vida, sempre haverá momentos de conflitos, sofrimento, falhas, dificuldades, erros e acertos, encontros e desencontros. Um "cotidiano integrado", eficiente e harmônico, é suficiente (satisfatório) para muitas pessoas. Os fatores que o fundamentam (descritos anteriormente) aumentam índices de bem-estar e autoeficácia (termo utilizado pelos psicólogos para se referir às crenças de uma pessoa na própria capacidade de realizar uma tarefa ou resolver um problema, contribuindo, assim, para um estilo de vida mais saudável). Conseguir manter-se em uma temperatura adequada, mesmo quando o ambiente nos confronta com os invernos e verões da vida já é uma grande conquista, e os vários pensadores da Psicologia têm muitas ferramentas para nos auxiliar nessa jornada de Hércules. Sendo assim, parte deste livro será dedicada aos corajosos que querem trazer mais consciência e propósito para o seu cotidiano, construindo um viver "integrado".

Mas há aqueles que querem mais. Há aqueles que buscam uma vida "loucamente sã". Apenas o "eu" não basta, o "eu" quero, "eu" desejo, "eu" conquisto, "minha" vida, "minhas" metas, "minha" bolha. Para algumas pessoas, é preciso ir além de si mesmo: olhar à sua volta, para a sua comunidade, construir um senso de conexão com algo maior que o próprio umbigo. É preciso olhar para além dos comportamentos eficientes que o meio em que vivem exige. Para esses dedico a quarta dimensão do meu termômetro especial: a dimensão febril, daquela febre que, como toda crise, é vivenciada como oportunidade de mudança e expansão de consciência. É o que chamo de *cotidiano loucamente são*, um cotidiano extraordinário, para além do comum, transcendente. Um cotidiano assim só é possível se quisermos ir além do cumprimento (eficiente) de tarefas e necessidades humanas para cultivar valores e virtudes espirituais e comunitários, em que os outros são incluídos no seu cotidiano, através de empatia, compaixão, serviços voluntários etc. Quando me refiro à espiritualidade, não faço qualquer associação com movimentos religiosos. Defino espiritualidade como um senso de conexão com algo maior do que você mesmo: pode ser alguma entidade (como algum deus ou o conceito de natureza), alguma filosofia ou até mesmo algum valor (honestidade, caridade, altruísmo, amor). Gandhi deixou sua marca não tanto por suas crenças religiosas, mas pela profunda convicção e comprometimento que demonstrava em relação aos seus valores pacifistas. Um louco extremamente são.

Um cotidiano como esse pode ser construído a partir de um projeto de vida fundamentado em valores e virtudes pessoais e transpessoais. A *compreensão transpessoal do ser humano* inclui não apenas os aspectos biológicos e psicológicos do indivíduo, mas inclui, com o mesmo grau de importância, os aspectos sociais, culturais e espirituais. Nesse cotidiano é importante incluir hábitos de cultivo da mente (buscar conhecimento constantemente, reconhecer e aprender com outras visões de mundo, ter maior flexibilidade de pensamento), corpo (reconhecer as necessidades do corpo e cuidar principalmente da alimentação, sono e atividade física), inteligência emocional (reconhecer, aceitar e saber lidar com as próprias emoções e com as dos outros) e propósito (buscar algum sentido para a própria existência – e revisitá-lo de tempos em tempos). Um cotidiano assim é construído através do exercício do autoconhecimento constante e permite um certo autoaprimoramento e aceitação de si. Indo mais além, nessa "loucura saudável" há uma postura que consegue enxergar, no outro e nas relações que estabelece, partes de si mesmo. Sabe aquela história de que só depois que você passa por alguma dificuldade é que você consegue entender melhor outras pessoas que passam por algo parecido? Ou quando você consegue aprender uma difícil lição através da história de uma outra pessoa, pois se viu refletido ali? Manter, portanto, esse cultivo da mente, do corpo, das emoções e do espírito em uma atitude de abertura e consideração afetuosa com o outro são formas talvez ousadas de se buscar o que a ciência entende por felicidade.

Bem, não é preciso construir um cotidiano extraordinário para ser feliz. Mas é preciso doses de uma loucura sã para viver uma autenticidade que inspira uma vida melhor, mais ativa e humanitária.

Muitas vezes só é possível transcender para tal estilo de vida quando se passa por alguma crise, alguma mudança que impacta a vida de forma a mudar o seu eixo, como doenças graves, perdas sentidas, fracassos, lutos. Em momentos como esse é testada nossa capacidade de ser resiliente, ou seja, de manter-se bem – e às vezes até sair melhor – diante das grandes adversidades da vida. O modo como se enfrenta uma crise pode indicar caminhos de restabelecimento pessoal. Você já deve ter ouvido histórias de pessoas que, após o diagnóstico de uma doença grave, por exemplo, acabam mudando e trazendo novos significados para a própria vida, dando maior ênfase aos valores pessoais, aos amigos e à família, e, caso tenham conseguido vencer a enfermidade, saíram ainda mais fortalecidos e com uma vida melhor. Às vezes uma crise pode ser compreendida como um chamado (doído) do Self, daquela parte mais verdadeira da sua psique, para que seu olhar se volte ao que há de melhor em você e ao seu redor.

Do dedo que aponta a miséria psicológica e existencial que vivemos, passo para a mão que indica um estilo de vida mais voltado ao desenvolvimento do potencial humano e uma vida mais digna de ser vivida, ou seja, feliz, plena. Sim, existem estudos científicos sérios sobre felicidade, bem-estar e vida "plena". Já pensou construir um cotidiano com base nesse objetivo?

Antes de continuarmos, um aviso aos navegantes: buscarei, o máximo possível, evitar respostas prontas e "fórmulas de vida", como se pudesse haver uma série de regras taxativas e dogmáticas, sob o estatuto da "ciência" ou de algum autor de peso, versando sobre como devemos seguir a nossa vida e indicando um passo a passo. Seguir um determinado "manual" pode virar uma prisão, e não há nada mais "antipsicológico" do que isso.

Assim, as dicas provenientes dos estudos sobre melhor rendimento, produtividade e hábitos saudáveis devem ser encaradas não como fórmulas, mas, sim, como bússolas, aprendizados e conhecimentos que podem te guiar por caminhos que levem ao encontro de si mesmo. Mais do que um livro de receitas, pense nesta obra como uma oportunidade de conhecer técnicas e reflexões diversificadas capazes de aprimorar seu cotidiano. E como o cotidiano é seu, ninguém melhor do que você para saber o que funciona e o que não funciona para sua personalidade e estilo.

Vem comigo?

UM "COTIDIANO INTEGRADO"

Acordar

Segunda-feira, o alarme toca, tirando você dos seus sonhos. Quais são seus primeiros pensamentos ao acordar? "Que droga, só mais cinco minutos, não quero levantar", ou "Nossa, tanta coisa para fazer, será que vou dar conta? Esta semana será puxada!!", ou ainda um esperançoso "Ah! Esta semana será incrível e vou conseguir fazer várias coisas!"?

Seus pensamentos ao acordar determinam grande parte do seu humor matinal e há quem afirme que sua disposição e rotina das primeiras horas definirão o tom que o resto do dia terá.

A Psicologia diz que *o humor é influenciado não tanto pelo que nos acontece, mas fundamentalmente pela forma como a mente interpreta aquilo que acontece.* Essa é uma chave de compreensão de um comportamento muito importante – voltarei a ela várias vezes neste livro. Você não fica mal-humorado porque tem pela frente uma reunião longa com decisões difíceis; você fica mal-humorado porque sua mente encara essa reunião como chata, inútil, burocrática ou ameaçadora. Se, por outro lado, você perceber a reunião como uma oportunidade para alcançar algum objetivo importante ("É hoje que mostro meus resultados!"), você acordará e irá à reunião movido por uma dose de animação (*anima-a-ação*).

"Pensamento automático", "complexo", "comportamento encoberto", "compulsão à repetição", "fenômeno psíquico", "ego" etc. Cada psicólogo em sua ilha teórica dará um nome para *a produção da nossa psique frente aos acontecimentos do nosso cotidiano.* Nesse arquipélago de

muitas linhas teóricas, a
ideia de uma psique, de
uma mente, de um orga-
nismo pensante (e pulsan-
te), une, como o oceano que
circunda todas as ilhas, essa
ciência múltipla que é a Psicologia. Particularmente, gosto de
usar a expressão "pensamento
automático", pois traduz de forma
clara o pensamento (as imagens, as
lembranças) que surge na consciência de forma completamente autônoma, involuntária, sem controle (e muitas vezes sob nossos protestos: "Por que
não tiro tal ideia da minha cabeça?!").

Voltemos aos pensamentos matutinos.
Se deixar seu estado fisiológico e disposi-
ções hormonais falarem mais alto, provavel-
mente seu cérebro vai produzir uma série de
pensamentos "preguiçosos", que lhe sugerem
de forma sedutora permanecer na cama, mal-
dizendo a rotina que lhe chama para satis-
fazer suas demandas. Sua agenda pede
uma coisa, seu corpo outra, e sua
mente fica nesse Fla x Flu sem
fim. Nada mais "desintegra-
do" que isso!

Uma dica básica para começar o dia de forma mais "integrada" é *criar condições para o aumento tanto da disposição corporal quanto da disposição cognitiva* (mental).

Note que enrolar muitos minutos na cama, ficar navegando à toa nas redes sociais, ter acesso a notícias negativas e alarmantes ou já sair vendo mensagens e e-mails do trabalho são excelentes ralos de energia. Sua disposição, que estava acordando, vai "buraco abaixo" e você ainda corre o risco de ficar mal-humorado e possivelmente ansioso, com pensamentos negativos frente ao mundo, ou então amargurado e frustrado ao perceber que sua vida, seu corpo desperto e sua rotina em nada se assemelham às coisas "incríveis e belas" com as quais você sonhava para si, talvez publicadas no Instagram das pessoas que você segue.

A vida real não tem filtros ou Photoshop. Para aumentar a disposição é necessário, inicialmente, *acordar o corpo!*

Levantar o quanto antes, tirar logo o pijama e colocar outra roupa, tocar uma música que anime, lavar o rosto com água gelada (e molhar a nuca, o pulso e a face interna do cotovelo), abrir as cortinas e deixar o sol entrar no quarto (ou o barulho da chuva), beber um copo de água em pé, alinhando a coluna e pensando na ideia de hidratação ou de purificação... tudo isso pode ajudar (e o seu corpo agradece!). Espreguiçar-se vagarosamente ou fazer um breve alongamento também ajudam o corpo na transição de um organismo em repouso para um organismo com mais prontidão para a ação. Muitas vezes, um bom sexo ao acordar também ajuda a aumentar a sensação de bem-estar, a satisfação diante da vida e um senso de conexão com seu(sua) parceiro(a).

Teste esses recursos e veja qual se adéqua melhor ao seu estilo. A partir daí, crie seu "kit para acordar" ou, como diria um paciente meu, seu "pedágio para o dia". (Esse paciente não iniciava o dia antes de dar *check* em algumas das práticas citadas, "pagando o pedágio". Isso foi fundamental para ele conseguir manter sua rotina de "concurseiro", que lhe exigia muitas horas de dedicação aos estudos.)

Há ainda quem goste de fazer alguns minutos de "meditação", ou "prática contemplativa", algum exercício físico intenso ou uma caminhada como forma de "ativar o corpo com uma energia saudável e revigorante".

Tendo acordado o corpo, é hora de *nutrir a mente* com conteúdos que ofereçam disposição e motivação para o dia. E definitivamente não é o noticiário da manhã nem sua lista de afazeres em sua agenda eletrônica as melhores opções para fazer isso por você. Então, o que escolher para começar o dia? Busque informações, ideias e situações que acrescentem algo na sua vida ou que te façam lembrar porque você está fazendo o que está fazendo.

Por exemplo, você pode se lembrar do seu propósito, inicialmente, para aquele dia fazendo-se as seguintes perguntas: "O que quero alcançar?", "Para que estou fazendo tal atividade?", "Quais meus valores e como honrá-los?", "O que estou sentindo nesse momento?".

Se, por exemplo, você tem como valor "cuidar da família", você tanto pode ler alguma frase ou citação que te inspire, como reservar alguns minutos para brincar com seu filho e/ou com seu(sua) parceiro(a).

Buscar frases de afirmação, relembrar os pontos positivos do dia anterior, listar as oportunidades do dia que chega podem lhe ajudar a ficar mais animado. Para quem tem alguma religião/espiritualidade, fazer uma oração (ou estabelecer qualquer tipo de diálogo com o que você considera sagrado) também funciona. Ouvir uma música inspiradora ou ler um poema também são estimulantes para começar bem o dia.

Se são recursos tão simples, por que a maioria não os emprega? Por duas dificuldades básicas. A primeira é que não costuma ser muito comum parar para pensar sobre o motivo pelo qual se está fazendo o que se está fazendo. Vivendo

"no piloto automático",
o máximo que muitas vezes as pessoas se permitem
é pensar na urgência, no
"preciso trabalhar para pagar
as contas", e, embora isso seja
de fato importante e necessário,
não inspira satisfatoriamente.
É verdade que parar para pensar os "porquês" e "para quê" gera
angústia no início. As respostas não
vêm prontas, rápidas nem estão em
algum *post* ou manual de autoajuda.
As respostas são só suas. E elas são mutáveis ao longo da vida, conforme mudam seus interesses.

A segunda dificuldade é que, mesmo
que a pessoa defina algum objetivo, senso
de propósito ou sentido em acordar para a
sua vida, é possível que acabe transformando
até isso em um *comportamento automatizado*.

Portanto, pensar sobre suas motivações só
funciona se você estiver com sua atenção
focada no presente (e não nos boletos
que vão vencer, por exemplo), com
sua mente voltada para o "aqui e
agora" e, nesse estado, se perguntar o que é verdadeira-

mente importante para você. Podem aparecer pensamentos, imagens, lembranças, emoções. Respire calmamente enquanto pensa. *Nutrir a mente exige uma atitude contemplativa, ou seja, exige consciência e atenção.* Assim, não dá para fazer isso enquanto você está no celular, acompanha o noticiário, veste um filho e pensa no café ou na lista do supermercado.

Quando você finalmente descobre sua motivação intrínseca, que vem de dentro, voltada aos seus interesses e ao que lhe agrada, você desperta *comportamentos autodeterminados*, ou seja, você dá início a uma série de ações voltadas à satisfação de necessidades internas e que te oferecem uma sensação de autocontrole e autonomia.

Definitivamente, vale a pena investir um tempo de qualidade definindo os porquês e para quês. Mesmo que dê trabalho. O custo, porém, de não o fazer tende a ser mais alto.

Tendo despertado de forma integrada mente e corpo, está na hora de se planejar para o dia!

Planejando o dia

Já dizia o sábio: começar o dia "sem planejamento é planejar falhar". O que considero falhar? Cair no *cotidiano comum*: acordar no último minuto e começar não uma maratona (longa, planejada), mas, sim, um tiro de 100 metros pelos cômodos da casa! Talvez você esteja arrumando sua bolsa enquanto morde uma torrada, grite para o cônjuge ou para o filho alguma coisa e saia com aquela sensação de que está esquecendo algo, até que, no meio do caminho para o trabalho, de repente vem à mente: "meu Deus, esqueci-a-conta-o-carregador-do-celular-o-lanche-do filho-a lista-de-compras".

A forma mais comum de começar o dia é pensar: "O que vou fazer *hoje*?". Esse é o modo mais improdutivo de se organizar, pois quem acabará definindo como será o seu dia serão as circunstâncias, não suas prioridades. Atividades importantes são então deixadas de lado porque algo virou "urgente"

e precisou furar a fila.
Você corre o risco de estar
fazendo muito, mas produzindo pouco. Aí, você pode até se
ocupar de uma série de tarefas, mas
não necessariamente conquistar realizações ou se colocar em uma rota de crescimento (pessoal ou profissional). Pois acaba não
havendo objetivos, planos, metas: só problemas
a serem tirados da frente.

Chega.

É fundamental para um cotidiano mais
integrado planejar o dia com antecedência. No mundo ideal, planeja-se a semana.
Para quem ainda está longe disso, uma
sugestão prática e também eficiente é
planejar com antecedência os próximos
três dias, sempre deixando um tempo vago para imprevistos, pausas e
aqueles momentos em que a mente
necessita divagar um pouco. Pense que você não é uma máquina
de produção eficiente e inesgotável – é um ser humano de
carne e osso, hormônios e
pulsão, e tudo que é do humano oscila. É exatamente
te por isso que, ao invés

de ficar à deriva, *é preciso ter uma bússola (princípios, propósito) para lhe guiar e um mapa (planejamento diário-semanal) para saber que correntes navegar para seu destino.*

E nem pense em ter esse planejamento "na cabeça": você não faz ideia de como isso é um desperdício de energia! Quanto mais atividades a serem feitas, mais importante é ter isso anotado e organizado em algum lugar: seja num caderno, aplicativo, bloco de notas, agenda, *planner*, *post-it*, não importa: escreva! Ficar lembrando constantemente o que precisa ser feito deixa você cansado e possivelmente ansioso, fora o risco de esquecer algo. A mente não funciona de forma linear, disciplinada e organizada; geralmente, ela está focando em até três itens ao mesmo tempo e qualquer estímulo que o cérebro considere significativo ou interessante pode derrubar todo aquele raciocínio mental que você estava arquitetando. Então simplifique sua vida: escreva!

Para isso, teste o que melhor funciona para você.

Como estamos falando de um processo pessoal, se você for mais "analógico" (do tempo da caneta, papel e marcador de texto), use e abuse dos vários recursos da papelaria. Se você for mais "digital", use e abuse dos aplicativos e *gadgets* que também oferecem formas de tirar os pensamentos da mente até então bagunçada (com exceção de quem já tem uns anos de treino e disciplina mental) para registrá-los de forma organizada. Resumindo: planejamento é essencial. Escreva todas as suas atividades (compromissos, tarefas) e anote quando vai executá-las, manejando o que você conseguiu cumprir, o que precisou ser adiado ou o que acabou deixando de ser necessário. Existem inúmeros livros, sites e artigos que ensinam formas de se organizar: ache o seu método, teste, faça reparos. Compartilhe suas ideias com quem mora com você ou com quem considera ser uma pessoa significativa e suficientemente "chata" para, amorosamente, pegar no seu pé e te ajudar a cumprir o que você planejou. Afinal, planejar tem dois desafios básicos: 1) montar o planejamento propriamente dito por escrito; e 2) cumprir o que você escreveu. Para isso, é preciso cuidar de criar uma rotina realista, condizente com o contexto que você vive e sua personalidade, bem como relembrar sempre o porquê de isso ou aquilo ser importante para você e o que você tem a ganhar cumprindo sua agenda, o seu plano, o seu projeto de vida.

Anote aí: a pergunta não é "O que eu quero fazer?". Seu cérebro sempre vai querer te levar para o caminho do mínimo esforço necessário. As perguntas que viram a chave são: "Qual vida eu quero levar?", "O que em mim quero fortalecer?", "O que preciso fazer para conquistar tal estado de consciência? Tal meta?".

Agora, você tem uma manhã que desperta seu corpo e mente e uma rotina preestabelecida que guia suas ações e seus horários fazendo com que você não sucumba ao padrão "nossa, vida corrida né?" e construa um cotidiano em que você caminha sobre suas metas ao invés de correr sobre

"urgências" que, muitas
vezes, nem suas são.
Hora de ir trabalhar!

Trabalho

Janaína é passageira
Passa as horas do seu dia em trens lotados
Filas de supermercados, bancos e repartições
Que repartem sua vida
("Janaína", Biquíni Cavadão)

Cada um faz o que sabe, cada uma sabe o que faz Ninguém
menos ninguém mais, todo mundo corre atrás
E volta pra casa com saudade do filho
Enfrentando o desafio, desviando do gatilho
Mais uma jornada, adivinha quem chegou?
São as aventuras do supertrabalhador
("Supertrabalhador", Gabriel, o Pensador)

Para compor esta seção, decidi não trabalhar sozinha. Gostaria de expandir nossas reflexões sobre o cotidiano com alguns casos fictícios (com um pé na realidade).

***

Maria Lúcia teve um momento de lucidez a partir de uma crise de pânico na mesa onde trabalhava em uma grande e renomada corporação. Há quem diga que o que houve ali foi o início de uma série de sintomas de um transtorno extremamente paralisante.

Na certeza de que a morte a arrebataria, Maria Lúcia finalmente questionou a vida que estava levando. O vislumbre, mesmo que imaginário, da morte levou a querer compreender, para além do clichê, a vida. E que vida era essa que Maria Lúcia vivia?

Desde pequena, Maluzinha destacava-se pelo seu empenho e dedicação às atividades escolares. Sua mãe gostava de relembrar nos almoços de domingo, em tom jocoso, do dia em que sua filha voltara da escola aos prantos por ter tirado nota 7 em uma prova de Ciências: sua primeira nota 7, duramente interpretada como um fracasso pessoal.

A partir daí, as cobranças internas passaram a ser mais acentuadas. Maluzinha levava longas horas revisando a matéria, prestava total atenção nas aulas, pedia leituras complementares. O mesmo padrão se repetiu na faculdade, em cursos de pós-graduação no exterior e, finalmente, na conquista de um trabalho na "empresa dos sonhos". De família humilde (tanto em condições materiais quanto em ambições profissionais), Maria Lúcia, como passou a gostar de ser chamada, se destacava como "a garota prodígio", admirada e amada. Ao menos era nisso que acreditava. Desde muito cedo, associou amor, respeito e atenção com desempenho.

E foi justamente quando não conseguiu desempenhar de acordo com suas altas expectativas que Maria Lúcia experimentou seu primeiro pico de ansiedade. E, enquanto surfava nessa onda aguda, percebeu que todo o treinamento recebido dos mais renomados coaches sobre respiração adequada e foco mental não estava surtindo efeito: seu corpo estava fora de controle! O pânico se instalou.

Como um raio de luz, Maria Lúcia percebeu que de fato estava vivendo um cotidiano insano, quase abusivo com suas 16 horas diárias de trabalho. Ao encarar a barriga de 8 meses da segunda gestação da sua vizinha de mesa, deu-se conta de que se sentia extremamente só. Entendeu que suas dores crônicas na coluna eram fruto de uma tensão constante, de sua incapacidade de relaxar e da sua dificuldade em estabelecer uma base estrutural mais saudável para sua vida. Pensou nas muitas oportunidades de lazer e de relacionamentos afetivos que deixou passar, por anos. E essa percepção doeu como uma pontada firme e seca no meio do peito!

— Maria Lúcia, você está branca! Você está bem?

— Sim, sim, só preciso respirar, acho que minha pressão caiu, acho que estou nervosa, acho que estou trabalhando demais, acho que vou ter um treco e...

— Ah, menina, você deve estar tendo essas crises de ansiedade. Normal. Também já tive. Então meu cardiologista me receitou um remédio que é tiro e queda. Eu tenho aqui na bolsa, quer?

E foi assim que Maria Lúcia se desviou do seu raio de luz de tomada de consciência para se manter workaholic, solitária, com uma hérnia na coluna e viciada em ansiolíticos.

***

– *Vítor, você enlouqueceu??*

Ricardo estava incrédulo. Não podia aceitar a decisão de seu irmão. Abandonar toda uma formação sólida e séria em advocacia para trabalhar com... café?? Se ainda fosse abrir uma franquia da Starbucks, tudo bem, mas não, quer abrir seu próprio negócio de café!

– Ricardo, não é qualquer café. É café feito com arte, café de verdade, café feito respeitando a cultura e a essência de cada grão. Existe toda uma ciência por trás e...

– Meu Deus, Vítor, café é café! Onde você está com a cabeça? Você vai cometer o maior erro da sua vida, abandonando uma carreira dos sonhos!

– Carreira dos sonhos? Sonhos de quem?

Dos sonhos de Ricardo, que sempre invejou, secretamente, os avanços rápidos do caçula da família na faculdade de Direito, onde ele, veterano, penava para cumprir as exigências acadêmicas. Mas o que mais irritava Ricardo era um certo desdém que Vítor demonstrava pela advocacia. Ricardo não se conformava com a falta de ambição do irmão e o desinteresse pelos negócios da família. Como alguém com tanto talento pode não querer perseguir uma carreira no Direito, cheia poderes e privilégios? Como ele pode simplesmente negar a sociedade que seu pai ofereceu no escritório da família? Ricardo sentia um misto de raiva, vergonha e medo. No fundo, ele sabia que o irmão só cursara a faculdade para entregar o diploma para o pai. Vítor acabara aceitando trabalhar no escritório da família para não desgostar a mãe, na época, padecendo com um câncer de mama. Enquanto Vítor assumiu seu papel de bom filho e fez sua parte para manter os negócios da família e o sobrenome que carregava, esteve tudo bem para Ricardo. Afinal, os valores da família devem estar acima de todos!

Mas, desde que Vítor começou a se relacionar com Joana, do ponto de vista de Ricardo, tudo começou a ruir. Maldita Joana. Mulher bonita, independente, apaixonada por arte, com uma cultura invejável e dona de um negócio que Ricardo não entendia muito bem, pois envolvia algo sobre empreendedorismo feminino, pelo qual ele nunca se interessou, já que torcia para que aquele relacionamento do irmão fosse apenas uma paixãozinha fugaz.

Mas não era. E Joana, inteligente, autônoma, auxiliou Vítor nessa loucura de "cafeteria especial". O casal havia feito um plano de negócios que, embora fosse duro admitir, estava genial. Havia, naquele empreendimento, arte, paixão e criatividade, coisas com as quais, por muito tempo, Ricardo evitou entrar em contato, pois sempre que pensava nelas seu peito apertava. Na verdade, Ricardo sempre gostou de Filosofia e Literatura. Sentia dificuldade com os textos mais técnicos da profissão e a escrita jurídica, que considerava terrivelmente entediante. Mas tinha medo de admitir que nunca fora apaixonado pelos negócios da família. Como seus familiares reagiriam se descobrissem os tantos diários de poesia e contos que escrevia desde os 13 anos de idade, se descobrissem que sua "carreira dos sonhos" não estava no mundo do Direito?

Não, não e não! Alguém precisava ser responsável. E se Vítor se permitia a loucura e a traição de seguir outros rumos, cabia a Ricardo honrar a tradição. A família. Os negócios. Por mais que isso custasse, secretamente, sua alma.

***

—Fabiana, o que você busca, afinal, em seu trabalho?

A pergunta da terapeuta pegou em cheio. As respostas prontas e rápidas como "dinheiro" e "realização pessoal" não lhe serviam mais. Lembrou-se de um vestidinho preto básico que sempre fez sucesso nas badaladas noites de Brasília. Agora, mesmo sendo o mesmo vestido colocado no mesmo corpo cravado em seus 57 quilos, por algum motivo, ele não lhe servia mais.

O devaneio passou rápido e a pergunta voltou a ressoar.

— O que busco em meu trabalho? Não sei mais. Achei que era dinheiro, mas recebi o aumento e não me percebi mais motivada. Faço o que tem que ser feito, entrego tudo que me pedem e não me sinto especialmente realizada. Na verdade, até ando me irritando com algumas ordens! É tudo meio chato, monótono ou injusto. Mas, enfim, acho que trabalho é isso aí mesmo.

— Isso o quê, exatamente?

— Fazer o que precisa ser feito e ganhar para isso.

— É uma possível definição. Mas não responde à pergunta inicial: o que você busca em um trabalho?

Ser remunerada por ser obediente?

Fabiana amava odiar essas perguntas de sua terapeuta. Olhou de relance o relógio, como quem busca alguma salvação com o horário da sessão prestes a se encerrar.

— Não sei... Ser remunerada por ser desobediente é que não seria, não é mesmo?

— Não?

Que absurdo, como assim? Fabiana se levanta, num misto de surpresa e raiva, e se despede. Pega suas anotações e resolve voltar ao trabalho caminhando. Vai resgatando palavras soltas. Obediência. Desobediência. Desânimo. Remuneração. Ação. Inação.

— Sai da rua, sua louca!!!!!! Cuidado! — um motoqueiro grita para ela.

Em um sobressalto, Fabiana volta para a calçada, sem perceber que estava saindo do meio-fio. O motoqueiro agressivo a traz de volta para o aqui e agora, e ela vira a esquina, rumo ao prédio da empresa. Avista um jovem com cabelos raspados, roupas coloridas e um perfume de incenso bem característico. Ele sor-

*ri e lhe entrega um panfle-
to. Fabiana agradece e, antes
de jogá-lo de forma automática
na lixeira do próximo poste, resolve
ver do que se trata.*

"O ignorante que ignora sua própria condição de ignorante buscará na certeza autoritária e inflexível do dogma seu caminho de aprendizado e (muitas vezes, falta de) reflexão. Este possivelmente estagnará.

O tolo encontrará apenas na experiência da dor, da tentativa e erro e das cabeçadas da vida seu aprendizado.

À custa de sofrimento e isolamento, poderá crescer.

O sábio, observando o tolo e o ignorante, refletindo e meditando sobre si e aprendendo com o outro, em saltos, transcenderá.

Qual a sua jornada?"

*— Caramba, o universo tirou
o dia para me confundir, é isso
mesmo?*

*Ficou na dúvida se esta-
va no caminho do ignorante
ou do tolo. Claramente no*

do sábio é que não era, pois se sentia estagnada e refém de um cotidiano sem saída. Guardando o folheto no bolso e não querendo pensar mais, Fabiana subiu apressada para seu conjunto e retomou as atividades, conforme estipulado pela equipe. Porém, por mais que estivesse focada nas tarefas, as perguntas continuavam ressoando, como um sino ritmado: "Qual sua jornada? O que você busca no seu trabalho? Jornada de trabalho? Trabalho de uma jornada?".

***

Uma jornada de trabalho é o termo que geralmente usamos para definir as horas em que um trabalhador está disponível para a empresa na qual presta seus serviços. A origem da palavra refere-se a "caminho que pode se percorrer em um dia". Podemos pensar, portanto, que uma jornada é construída no cotidiano, no dia a dia. Não é composta de um único feito, mas pelo conjunto de hábitos e dos valores (ou falta deles) que inspiram nossas ações. Qual é nossa jornada de trabalho? Qual é o cotidiano que construímos enquanto trabalhamos, estudamos ou, em uma situação delicada, estamos procurando emprego? Como nos posicionamos? Como somos posicionados? Será que construímos um cotidiano de trabalho ou o nosso trabalho é que constrói o nosso cotidiano? Em nossa jornada laboral geralmente estamos envolvidos em algum dos três pilares:

- ora estamos resolvendo problemas e tomando decisões;
- ora estamos mediando ou evitando conflitos;
- ora estamos buscando algum reconhecimento e realização.

O primeiro pilar é composto de todos os pequenos e grandes problemas que precisam ser resolvidos. Desde a tinta da impressora que

acabou ao prestador de
serviço que simplesmente
não compareceu no dia estipulado, é comum que nossas tarefas cotidianas sejam atravessadas
por problemas. Esses, por sua vez, de-
mandam tomadas de decisão. O que fazer?
Quando fazer? Quem vai fazer? Assumo? Dele-
go? Invisto? Aceito? Cancelo? Demito?

Já o pilar da mediação e/ou evitação de
conflitos implica, em grande parte, toda a
rede social envolvida em nosso trabalho:
afinal, trabalhamos com pessoas. Mesmo
um pesquisador, programador ou técnico que fica horas em frente a um computador ou numa sala isolada precisa
entrar em contato com um cliente,
um colaborador, um gestor, enfim,
ele não está de fato só. E pessoas
entrando em contato com pessoas significa necessidades, muitas vezes diferentes, se con-
trapondo, visões e pontos de
vistas divergentes buscando
aprovação e conflitos en-
tre valores e posturas éti-
cas aparecendo. Conse-
guir se comunicar para

expor uma opinião ou decisão de forma não agressiva, conseguir ouvir com uma postura genuinamente aberta o que a outra pessoa tem a dizer, construir um espírito de equipe, saber se posicionar, manter certo equilíbrio emocional e ter habilidades sociais são fundamentais para saber mediar – ou se esquivar – de conflitos. Não são, infelizmente, qualidades muitas vezes valorizadas em uma entrevista inicial ou colocadas no currículo. Entretanto, tais habilidades e competências fazem a diferença na condução do trabalho e no clima organizacional que vai se construindo no ambiente profissional.

O terceiro pilar é a busca de reconhecimento e realização. Ou seja, temos alguma meta a ser alcançada, alguma tarefa para ser executada, algum projeto a ser apresentado. É conseguir dar conta de algo que precisa ser feito. Sabe aquela sensação boa que advém da "missão cumprida"? Tarefa tal? *Check*! Feito! E tão bom quanto conseguir realizar uma tarefa é perceber que o seu trabalho está sendo reconhecido de alguma forma. Pode ser um simples sorriso, um "parabéns", um bônus extra no final do ano, um resultado positivo e promissor na avaliação anual de desempenho, a melhora de um paciente em tratamento. Ou então verificar que aquele colega assume algo em seu lugar para que você possa respirar um pouco, reconhecendo que talvez você esteja cansado ou, naquele dia, não tão bem. Obter reconhecimento é perceber-se vivo, respeitado e olhado pelas pessoas à sua volta e pela política e cultura organizacional.

Pense em alguma situação típica do seu trabalho: o que ela está lhe exigindo? Ou, então, pense em alguma frustração no seu emprego: será que ela não se encaixa em algum dos três pilares citados? Conhecer exatamente a situação na qual você está vivendo (e se questionar por que a está vivendo) lhe permite buscar ferramentas mais eficientes para lidar com ela.

Se a situação exige, por exemplo, uma resolução de problema ou tomada de decisão (O que devo fazer?), é importante definir, antes de tomar qualquer atitude, qual é exatamente a meta a ser atingida (O que quero? O que preciso?). Essa será a bússola que norteará seus próximos passos. Em um segundo momento, é preciso verificar todas as alternativas e recursos existentes, para depois avaliar as vantagens e desvantagens de cada uma dessas alternativas. Não economize palavras nem ideias. Todo e qualquer custo e benefício devem ser anotados e pesados. É a partir daí que uma decisão pode ser tomada para que então uma ação seja planejada e finalmente cumprida.

Às vezes, porém, estamos lidando com situações que exigem a mediação (ideal) ou evitação (mais comum) de conflitos. Como dito anteriormente, pessoas diferem em suas histórias de vida, em seu temperamento, crenças, ritmos e formas de pensar e agir. Além disso, pessoas diferentes sentem de formas diferentes: há os mais emotivos, os menos empáticos, os mais controlados e os mais impulsivos. Para entender melhor o ambiente social em que você trabalha, pense: no seu trabalho, geralmente quem mais te incomoda? Quem você mais admira? Com quem se dá melhor? Há fofocas no ambiente? O que falam, de quem falam e para que falam? Você se dá bem com as pessoas à sua volta ou se sente um peixe fora d'água?

Observe as primeiras respostas que vão surgindo na sua cabeça. O que elas dizem sobre o seu ambiente de trabalho? Existem muitas situações de conflito? São necessárias posturas de mediação? Quem pode te ajudar? Ou a equipe é bem integrada e são poucos os atritos? Tais reflexões podem inclusive te ajudar a entender às vezes por que você gosta tanto do "clima" no seu ambiente de trabalho. Ou por que o detesta.

Crises surgem sempre quando polaridades entram em cena, mas isso não necessariamente implica conflitos terríveis, brigas ou obstáculos intransponíveis. É possível buscar uma integração, conciliar posicionamentos divergentes. Isso exige tanto uma aceitação da realidade das diferenças humanas (alteridade) quanto uma postura honesta (e muitas vezes incômoda) de escuta curiosa e aberta. Afinal, se alguém diverge do seu pensamento, como será que essa pessoa pensa? Antes de criticar, dar mil conselhos ou se colocar em uma postura defensiva, permita-se ser "curioso": *Por que será que fulano age de tal maneira? O que será que ele tem para falar de tal situação?*". Você consegue se abrir para a experiência do outro? Você tem conseguido escutar genuinamente as pessoas com quem trabalha? Consegue respeitar as diferenças pessoais ou busca apenas impor sua forma de ser no mundo? Você consegue ter uma *escuta aberta*, capaz de aceitar o que o outro pensa? Como diria um colega em seu infame – e interessante – trocadilho: "Sou feito de carne e ouço".

Como a pressão do trabalho e as cobranças te

afetam? Você conhece os valores da empresa? Concorda com a forma como ela conduz seu trabalho?

Toda a nossa personalidade está envolvida diretamente na forma como lidamos com as adversidades e situações conflituosas do nosso dia a dia. Se você tem um prazo apertado para cumprir, se recebeu uma crítica injusta ou se foi feito um corte no seu orçamento, a forma como você vai lidar com tais situações vai depender basicamente das suas crenças, sua história, sua cultura, enfim, sua personalidade.

Pensando na base de uma rotina de trabalho, percebemos que comumente o que mais ganha espaço na agenda é uma lista enorme de afazeres – e a dificuldade de cumpri-los. Ou seja, em grande parte do nosso tempo estamos buscando realizar tarefas e, se possível, receber o reconhecimento (social e financeiro) de quando atingimos os objetivos traçados.

As principais dificuldades encontradas no pilar do cotidiano do trabalho são:

- dificuldade em organizar o tempo e lidar com a procrastinação;
  - desmotivação para o cumprimento das atividades (seja por não receber o reconhecimento necessário, seja por não ver sentido na tarefa);
    - falta de organização pessoal e/ou da própria empresa;
      - excesso de trabalho ou carga excessiva de horas de trabalho;
        - ambiente hostil;
          - perfeccionismo.

Assim, conseguir lidar de forma eficiente com a lista de atividades a serem cumpridas exige uma tomada de consciência do que precisa ser feito, como, quando e com que recursos. Contudo, no piloto automático desprovido de consciência, há uma tendência a agirmos de acordo com demandas imediatas circunstanciais, seja seguindo à risca e sem questionamento ordens externas, seja mantendo *padrões internos inconscientes de comportamentos disfuncionais*.

Um *padrão interno* pode ser compreendido como uma série de "programações" mentais, emocionais e físicas que seguem determinadas "regras" aprendidas durante sua vida, principalmente na infância, e que se repetem ao longo do tempo. Existem vários "programadores" escrevendo regras e comandos em nossa psique. Padrões familiares, culturais e sociais são os mais comuns. O próprio indivíduo acaba construindo também suas "regras internas", seja de forma mais consciente, seja como na maioria dos casos, sem sequer perceber esse processo (ou seja, padrões internos inconscientes). Se você se sente aflito por deixar um pouco de comida no prato após uma refeição, pode ser que sua mãe (pai, tia, avó) tenha repetido milhares e milhares de vezes que você deveria "limpar o prato" ou que "se não comer tudo, não vai ter sobremesa". Trinta anos depois está você raspando o prato, ainda obedecendo a essa regra. De comportamentos simples como esse até alguns mais complexos (como a escolha de uma profissão ou de um parceiro afetivo), nosso cotidiano é cercado por hábitos e comportamentos que obedecem a esses comandos, muitas vezes inconscientes, que podem tanto nos ajudar quanto nos atrapalhar a viver uma vida que julgamos boa. Quando os comportamentos mais atrapalham, te desviando de uma vida saudável e coerente com o que é importante para você, eles são chamados de *comportamentos disfuncionais* ("não funcionam"). *Padrões inconscientes de comportamentos disfuncionais* seriam, portanto, uma série de comportamentos que se repetem, seguindo um mesmo padrão, sem você se dar conta e que te afastam de um cotidiano minimamente integrado.

Quando estamos seguindo de forma cega ordens externas ou esses comandos internos, não há muita clareza e distinção das situações vivenciadas no trabalho (os pilares descritos anteriormente), não há o discernimento das questões pessoais implicadas nas reações costumeiras.

Retomando as personagens anteriores, Maria Lúcia é um típico exemplo de quem segue obstinadamente, sem perceber, um padrão repetitivo interno de funcionamento: o da busca de gratificação pessoal pelo desempenho. Independentemente das circunstâncias externas, das regras da empresa ou das metas estabelecidas, o seu foco será exclusiva e obstinadamente a exigência de uma alta performance à procura de reconhecimento e gratificação pessoal. A falta de consciência desse *padrão interno* está lhe custando a saúde e a vida afetiva. Porém, quanto pior ela se sente, mais ela reforça o padrão. O ciclo se mantém, agora com a ajuda de um ansiolítico.

Já Ricardo é regido por uma regra rígida da empresa, no caso, familiar: os negócios e a reputação da família estão acima de tudo e de todos. Sua individualidade é sacrificada por esse dogma e, como tal, indiscutível. Indiscutível? Vítor, seu irmão, tomou uma importante decisão, não só de carreira, mas de vida: ousou questionar o dogma. Amparou-se em outros valores e formas de ver a vida (inspirados pela sua companheira Joana) e decidiu romper os laços (ou correntes?) que o prendiam a um cotidiano que não envolvia um trabalho alinhado com o que era importante para ele. O autoconhecimento somado a doses de coragem e consciência permitiu que Vítor saísse de sua zona de conforto e fosse atrás do que era necessário para trilhar rumos mais satisfatórios.

O cotidiano é marcado não apenas pelo o que acontece no trabalho, mas também pelo o que acontece *com você* enquanto você está no trabalho. Ou seja, o trabalho não é feito apenas de reuniões, ligações, metas, crises com chefes ou subordinados. É também constituído pela forma como todas essas demandas afetam emocional e mentalmente cada um de nós. E, para complicar um pouco mais, somos múltiplos! Dentro de você há uma série de "eus" diferentes, com necessidades, comportamentos e desejos distintos. Em toda mente habitam várias referências a papéis sociais e conflitos internos que remetem à imagem do "anjinho" e do "diabinho" sussurrando coisas diferentes, ou melhor, toda uma comunidade de anjos e demônios (e seres intermediários) que ficam tagarelando sem parar em nossa mente. Então, quando, por exemplo, um colega da mesa ao lado fala algo que te incomoda, pense: que parte sua, qual dos seus "eus" responde? Ou não responde? O que te faz calar quando brota um desejo de falar? O que te faz falar quando todos sugerem silêncio e omissão? E qual o impacto dos teus comportamentos no clima organizacional? Como o clima da empresa e o comportamento das pessoas mais próximas te afetam?

Outro ponto a ser levado em consideração quando se pensa na importância de sair do piloto automático: *quanto menos consciência você tiver dos seus valores e interesses, mais propenso você estará a seguir os valores e interesses de outras pessoas.* Com isso, seu cotidiano fica, geralmente, mais corrido e automatizado, pois você precisa atender continuadamente às demandas de outras pessoas e suas ações permanecem desprovidas de reflexão e de um significado mais profundo. Mente e corpo adoecem.

No ambiente de trabalho, construir um cotidiano mais íntegro e "integrado" exige, portanto, uma maior consciência das dinâmicas externas que envolvem suas atividades diárias e das dinâmicas internas que envolvem sua personalidade.

Ter consciência é um privilégio. Privilégio evolutivo, social, econômico, emocional e cognitivo. Tem um custo geralmente pago na moeda da angústia, mas seu benefício tende a ser uma autonomia maior, além de um senso de construção de uma identidade própria.

Fabiana estava começando a sentir essa angústia, com doses de insônia e irritabilidade constante. Percebeu que se sentia mal com a forma pela

qual os gestores da empresa em que trabalhava trata-
vam as equipes e com o fato de ter que bater metas
de venda mesmo que para isso tivesse que vender o
produto para quem claramente não seria beneficiado por ele. Fabiana estava desmotivada. Por quê?
Afinal, amava a carreira que havia construído
nos últimos sete anos, não? Por que a empresa
que tanto amara, agora, lhe parecia opresso-
ra e mesquinha? Cada reunião pesava e ela
se via travada, incapaz de tomar qualquer
tipo de decisão. Irritava-se com o entusiasmo do estagiário, com o funcionário
que chegava sempre mais cedo e com
~~sua colega que sempre conseguia ba~~-
ter todas as metas. Toda essa angústia havia começado depois de
uma avaliação negativa do seu
desempenho, suscitando uma
série de questionamentos (e
xingamentos internos) e novas percepções (realistas?
enviesadas?) sobre a cul-
tura organizacional na qual
estava há tanto tempo inserida.

A falta de compreensão da relação entre as dinâmicas externas (exigências da empresa) e internas (fatores de per-

sonalidade da Fabiana) vão gerando desconfortos, brigas e insatisfações. Nem sempre por motivações justas ou nobres.

Para além dos fatores de personalidade, que podem envolver uma baixa tolerância à crítica e a projeção das próprias frustrações nas pessoas próximas, é importante avaliar as demandas do trabalho que hoje podem ter virado um peso. Voltemos aos nossos três pilares: resolução de problemas e tomada de decisão; mediação ou evitação de conflitos; busca de realização ou gratificação.

Quando Fabiana vendia um produto para um cliente que não seria beneficiado por ele, ela estava tomando uma decisão que, a princípio, ia contra um valor pessoal.

Como agir conciliando responsabilidades e valores? Se entendo que essa é a meta, quais as alternativas existentes? Fazer pequenas pausas no trabalho para, literalmente, respirar fundo e prestar atenção na postura, relaxar os ombros e observar sua própria conduta pode fazer com que Fabiana – e você – consiga encarar esse dilema e talvez encontrar outras possibilidades de ação.

Mas Fabiana não se permitia fazer pausas, sua ansiedade não deixava. Ela vivia constantemente em crise e sua mente ficava ruminando de forma acelerada perguntas, críticas e julgamentos, sem obter respostas.

Podemos questionar se todo esse sofrimento engatilhado pela avaliação negativa que ela recebeu da empresa não pode ser encarado como uma oportunidade ímpar de reflexão profunda e honesta sobre o que ela de fato espera do trabalho e de uma construção de carreira.

Se até poucas décadas atrás a busca de um trabalho, além da sobrevivência, estava intimamente ligada a uma certa estabilidade e reconhecimento social, nos últimos anos, as perguntas que vêm ganhando espaço (inclusive nos consultórios dos psicólogos) relacionam-se a *propósito, legado e sentido existencial.* Seria possível construir uma carreira e um cotidiano no trabalho com significado pessoal e com um *senso de pertencimento,* ou seja, com uma sensação de que você pertence a um grupo, se percebendo conectado aos outros e a um ideal, e se sentindo incluído e corresponsável pelos caminhos que a empresa, a equipe, o empreendimento estão seguindo? Estudos não só indicam que sim, que isso é possível, e também correlacionam carreiras construídas através de um senso de pertencimento e propósito com sucesso no longo prazo. O próprio conceito de "sucesso" é revisitado, indo muito além de questões como "fama", "dinheiro" ou *"status* social".

Vale a pena ressaltar que esse belo discurso de *encontrar o propósito no trabalho* pode ser deturpado e utilizado para que você se sacrifique ainda mais pela empresa, sem priorizar suas necessidades pessoais e sua qualidade de vida. Cuidado com aquela velha história: "Você gosta do seu trabalho? Ele faz sentido para você? Ah, então você pode, sim, aceitar um número maior de tarefas, demorar para tirar férias (e fazer trabalho remoto), responder e-mails de madrugada etc.". Isso não é verdadeiro. É usar um "discurso bonito" para maquiar velhas práticas de exploração dos recursos humanos.

Tendo esse alerta em vista, volto a perguntar que sentido o seu trabalho pode ter. Podemos começar com as questões: esse trabalho atual representa algo significativo para você? Ele pode servir de trampolim para algo posterior que seja mais coerente com o que você quer para si mesmo e com o papel que busca exercer na sociedade? Para respondê-las, ou seja, para saber em que momento da sua jornada profissional você está, é importante fazer um exercício de reconhecimento dos seus princípios, talentos, desejos e crenças. Identificar o que realmente você quer para si e seu futuro e, talvez, também para o mundo. Tal conscientização pode trazer-lhe uma grande satisfação – por mostrar que você está "no caminho certo" (certo para você) – ou causar ondas de aperto no peito (a famosa angústia) e crise – ao se dar conta de estar investindo tempo e energia em projetos e demandas bem distantes do que você gostaria de estar fazendo. A crise, porém, pode ser um grande convite à possibilidade de (re)construção de caminhos novos e mais coerentes com os seus reais desejos.

E, afinal, como está a sua jornada?

Alimentação

Gente eu tô ficando impaciente
A minha fome é persistente
Come frio, come quente
Come o que vê pela frente
Come a língua, come o dente
Qualquer coisa que alimente
A fome come simplesmente
Come tudo no ambiente
Tudo que seja atraente
É uma fome absorvente
Come e nunca é suficiente
Toda fome é tão carente
Come o amor que a gente sente
A fome come eternamente
No passado e no presente
A fome é sempre descontente
("Fome come", Palavra Cantada)

Você tem fome de quê? Alimentar-se é um dos impulsos mais básicos, primitivos e comuns a todos os seres. Entretanto, entre os humanos, a busca de alimento ultrapassa a busca por energia e nutrição, pois a comida está repleta de significados sociais, afetivos, históricos e culturais. O ambiente social pode reforçar ou punir determinados comportamentos alimentares, além de promover rituais sociais que nos levam a comer (mais, menos, melhor, pior...), tais como banquetes, festas etc. Por exemplo, brinda-se sobre a mesa e comemora-se a abundância da vida com a fartura de comida; muitas reuniões de negócios são feitas durante o horário de almoço; e existem retiros e práticas espirituais nas quais apenas determinado tipo de comida é tolerado, ou então longos jejuns são propostos. Nosso ambiente interfere diretamente na forma como nos alimentamos.

Além do prazer que determinados alimentos e sabores proporcionam (alguns deles podem até

viciar, como o açúcar),
é comum buscarmos na
comida a satisfação de outros vazios que nada têm a
ver com o estômago, como
veremos adiante. Então, co-
memos demais. Segundo da-
dos divulgados pelo Ministério
da Saúde em 2019, no Brasil mais
da metade da população (55,7%)
tem excesso de peso, e os níveis de
obesidade entre adultos e crianças
vem aumentando de forma alarmante.
Observe quanto tempo do seu dia
você fica pensando em comida: o que vai
comer, quando vai passar no mercado, se
cozinha ou se pede algo para ser entregue
na sua casa, se segue a dieta ou se quebra a
dieta, se espera o marido, se cozinha para a
esposa, se investe em alimentação saudável ou
se apela para o macarrão instantâneo (driblando
muitas vezes a culpa por ser essa a janta para o
seu filho de 7 anos). É bastante tempo, não?

Além disso, nossa rotina é traçada
em função da nossa alimentação:
"vou fazer tais atividades até o
almoço", "preciso sair tal horário para fazer a *janta*",

"preciso ter tempo para passar no mercado",
"preciso marcar *um café* com fulano para
conversar". Nosso cotidiano doméstico,
social e profissional, portanto, acaba
também pautado por nossa fome
e pelas implicações sociais
do ato de comer.
Então, que tal fazer
tudo isso com mais cons-
ciência e, consequente-
mente, com mais controle?
Tendo em vista o impacto da
alimentação no nosso cotidiano, vale a pena você fazer uma
pausa para refletir sobre essa
dimensão da sua vida e avaliar
como você está agindo com relação
a sua própria alimentação. Como ela
impacta o seu dia a dia? Como fica a
sua mente diante das questões alimentares? Focada? Distraída? Culpada?
Pense, por exemplo, em quão vulne-
rável você é ao "terrorismo nutricional
contemporâneo", que invade nosso cotidiano principalmente por meio das mídias
e redes sociais. Em tempos em que se faz de
tudo por uma bela imagem e as ferramentas
de Photoshop ludibriam as marcas da vida, é

comum a busca da dieta ideal que corrobora o discurso da conquista do "corpo perfeito", da "alta performance" e da "juventude eterna". Nessa guerra contra o corpo natural, cria-se constantemente novos inimigos alimentares (não foi só o glúten a ir para a fogueira...) e toda a possibilidade de socialização, desejo e prazer que envolvem o ato de comer corre o risco de ser vista como um grande pecado.

Comer é também uma atitude afetiva, social e mental. Sobretudo mental. Dessa forma, mudanças de hábitos alimentares que focam apenas na aquisição ou restrição comportamental – ou seja, "coma isso e pare de ingerir aquilo" – não funcionam, pelo menos não por muito tempo.

É bom notar que são as nossas crenças, nossos pensamentos, nossos impulsos inconscientes e toda uma gama de experiências emocionais decorrentes desses pensamentos que nos levam a comer muito ou pouco, bem ou mal. "Trabalhei o dia inteiro, eu *mereço* esse pote de sorvete"; "não

consigo *tolerar* a espera,
preciso comer qualquer
coisa agora"; "estou muito
nervosa com a prova, preciso comer algo para me *acal-*
mar"; "se eu não repetir o prato, minha avó vai ficar ofendida
e eu quero *agradá-la*"; "já quebrei
a dieta no café da manhã mesmo,
então, *dane-se*, vou comer tudo o que
eu quiser". "Só posso comer o que for
nutritivo e saudável, pois comer comida porcaria *é sinal de* fraqueza, de falta
de autocontrole"; "não comer *é sinal de*
força e pureza"; "só serei *feliz* quando for
magra" – são alguns dos exemplos mais comuns de pensamentos relacionados ao ato
de comer. Eles estão presentes em nosso cotidiano. Quais são os seus? A partir deles, qual é a
relação que você estabelece com a comida?

    Repare que é muito comum o ato de comer
se tornar uma forma de regulação emocional.
Por exemplo, busca-se com frequência
no prazer de determinados alimentos
uma forma de anestesiar uma dor
ou suprir uma carência emocional. É fundamental tomar
consciência de que o

humor afeta diretamente o que se come e o quanto se come. Em geral, se muito ansiosas, estressadas ou deprimidas, as pessoas oscilam entre não conseguir comer mais nada ou aumentar consideravelmente o número de calorias ingeridas. É comum um exagero alimentar (e, depois, vários desconfortos gástricos) em jantares e *happy hours* cada vez mais frequentes agendados para aliviar o cansaço, o estresse e os desconfortos do dia de trabalho. Tais comportamentos socialmente reforçados são perigosos e podem ter efeitos negativos a curto e longo prazo.

No campo científico, estudos começam a estabelecer uma correlação entre determinados tipos de alimentação (rotinas com comidas ricas em carboidratos refinados e alimentos ultraprocessados) e sintomas de depressão e ansiedade. Tais alimentos, quando ingeridos em uma alta quantidade e frequência, podem ocasionar um estado de inflamação corporal que, por sua vez, pode influenciar os hormônios relacionados ao nosso estado de humor, bem como interferir negativamente nos efeitos dos medicamentos psiquiátricos.

Assim, se o seu padrão alimentar está desequilibrado, confuso e permeado por excessos ou restrições exageradas, um caminho para mudá-lo é tomar consciência do quê você realmente tem fome. Alimentar-se de forma consciente é também uma maneira de resgatar de si mesmo.

Fome emocional

Se partirmos do pressuposto de que todos têm necessidade de se sentir amado, quando isso não ocorre, é comum tentar cicatrizar com açúcar uma ferida que é do coração. Mas isso não resolve. A fome emocional continua, e possivelmente estará agora temperada com um sentimento de culpa por ter comido muito, por ter se descontrolado. "Fome emocional" é todo aquele vazio de contato humano, de carinho, de emoções positivas como prazer, alegria e senso de realização. É "fome de conexão humana", ou seja, de abraço, de sexo, de companhia, de se sentir validado, apoiado e seguro.

Fazendo uma correlação entre vontade de comer e necessidades afetivas, podemos comparar nossas horas gastas nas redes sociais com um "*junk food*" (parece que alimenta, mas o excesso te deixa pesado e doente) e um encontro social com amigos de longa data com um "prato caseiro nutritivo e saboroso".

A fome emocional pode se manifestar também como necessidade de silêncio e tranquilidade, de paz interior, de relaxamento e serenidade.

A fome emocional aumenta com a incapacidade da mente em compreender e aceitar a existência de uma possível carência e/ou da inevitabilidade de um importante vazio. Então, é bom sempre questionar: Você conhece as suas emoções? Sabe quando sente medo, raiva, tristeza, inveja? Sabe quando está feliz, satisfeito, orgulhoso, animado, excitado? Sabe lidar com essas emoções sem precisar envolvê-las de alguma forma com comida?

É importante compreender o que você sente, como você sente, quando você sente para finalmente compreender do que você tem fome e oferecer o "alimento" adequado para sua necessidade, agora mais bem compreendida, reconhecida e aceita.

Fome mental

Nossa mente é ávida por criar. Cria padrões, conceitos, histórias, inovações. Cria também problemas e recria um sem-número de vezes hábitos já consolidados. A mente tem fome de ideias, de conhecimento e de experimentações.

Já viu como uma criança olha o mundo? Há um encantamento e um redescobrir constante de imagens e possibilidades.

Se você acaba buscando comida quando está entediado, cuidado: você pode estar buscando expandir a consciência através de uma pizza, e, acredite, não funciona. Os alimentos mais nutritivos para a fome mental estão na literatura, na arte, na filosofia e na ciência.

A internet pode ser uma aliada nessa busca por nutrir a mente, embora seja campo tanto de "comida mental" de excelente qualidade quanto de porcarias indigestas. Buscar novos conceitos, refletir, revisitar opiniões, debater ideias, ler biografias, mergulhar em histórias, participar de grupo de estudos, enfim, manter-se em movimento mental, criativo e inovador é um bálsamo para a mente, que se desenvolve cada vez mais quando bem alimentada.

Tome cuidado, porém, com o que chamo de "gula mental", ou seja, consumir obsessivamente livros, cursos, workshops, revistas, sem tempo hábil de digerir toda a informação recebida e, pior, de aplicá-la em seu cotidiano.

Como você tem alimentado seus pensamentos? Em seu cotidiano, você inclui uma dieta rica em nutrientes para sua fome mental?

Fome espiritual

Não, não é a fome de hóstias cristãs ou de oferendas afro. Fome espiritual está relacionada a todo o nosso apetite por nos conectar com algo maior. Esse "algo maior" pode ser uma religião, uma filosofia, um partido, um grupo identitário, um valor espiritual (como um propósito, um "chamado", uma vocação).
Essa é uma fome mais sutil, e nem todas as pessoas a sentem na mesma intensidade, pois ela costuma vir com o amadurecimento da personalidade. É preciso ter um senso de autenticidade e de individualidade constituído para que se possa dedicar, de forma genuína e integrada, a algo maior que o próprio umbigo.
Inclusive a própria fome de autoconhecimento, de compreender a si mesmo e identificar os próprios desejos, vícios e virtudes, está relacionada com o que estou chamando aqui de fome espiritual.

Diferente da fome emocional, que pode ser combatida por meio da conexão com pessoas que oferecem apoio e carinho, a fome espiritual pode ser saciada também por meio da conexão com pessoas, mas de forma mais benevolente, onde o foco maior é estar atento à necessidade do outro e à missão de ajudá-lo. A Psicologia Transpessoal estuda estados diferenciados de consciência e defende a possibilidade de um desenvolvimento pessoal que transcende uma condição inicial egoica do "eu".

Para muitos, também o encontro do belo sacia a fome espiritual. Para outros, o contato com a natureza e o senso de conexão entre nós e o planeta que lhe oferece alimento para o espírito.

Fome física

Para além do óbvio – da fome nutricional, de comida –, nosso corpo tem tantas outras fomes. Fome de prazer, de movimento, de sono. Existe uma fome de ir e vir, de respirar profundamente, de suar, de usar nossos músculos nas mais diferentes possibilidades. Nosso corpo pede postura, flexibilidade, quer alongar-se, retrair-se, equilibrar-se. Nossa pele pede contato, nosso olfato pede cheiros, perfumes e fragrâncias. Nossos olhos pedem beleza e diversidade nas imagens, e nossos ouvidos pedem sons, música, palavras e narrativas. Nossa libido pede a expressão da nossa sexualidade, enquanto nossos hormônios vão regendo toda essa orquestra.

A fome física é tão vasta quanto as dimensões do nosso corpo, e toda essa complexidade também é facilmente confundida. Quantas vezes seu corpo pedia descanso e você ofereceu cafeína e açúcar? Quantas vezes suas pernas pediam movimento e você acabou permanecendo mais de quatro horas sentado na frente do computador ou da TV?

Tais descuidos e confusão também ocorrem diante da vasta oferta de alimentos, dos mais naturais até produtos químicos comestíveis (os famosos ultraprocessados). O que de fato quero, preciso e desejo comer? É fundamental para a elaboração de uma alimentação equilibrada compreender as necessidades do corpo e como essas se dão em ciclos: algumas pessoas sentem mais fome de manhã, outras durante o período da noite; mulheres podem ter seu apetite afetado pelo período menstrual. Além disso, o apetite também muda dependendo da estação do ano: no inverno, o corpo pede mais energia (em forma de gordura e carboidrato) e, no verão, tolera alimentos mais leves e frescos.

Quando bombardeados excessivamente por alimentos artificiais, perdemos o contato com os prazeres e as necessidades básicas e naturais do nosso corpo. O excesso de açúcar refinado, por exemplo, nos tira grande parte da sensibilidade do nosso paladar, assim como o excesso de drogas estimulantes (da cafeína à cocaína) limita a capacidade de algumas áreas cerebrais para reagir de forma adequada aos estímulos do ambiente.

Diante de tantos apelos e ofertas, como encontrar o próprio caminho, mais saudável para corpo e mente? Um primeiro passo possível é enfrentar um *período de desintoxicação*. Mais do que ingerir um suco "detox", é preciso realmente tirar tudo aquilo que você percebe que está sendo tóxico na sua rotina: excesso de química, de álcool, de drogas, de exposição às redes sociais, de pessoas que possam estar te prejudicando ou machucando. Excesso de barulho, de fumaça, de tarefas, de vídeos...

Experimente reconhecer seus excessos e, como um hábil jardineiro com sua tesoura de poda, cortá-los para poder resgatar o que é essencial para você e, assim, fazer com o que o próprio corpo ganhe mais energia, vigor e disposição.

Retirar excessos e acrescentar significado e sentido no ato de se alimentar pode ser uma boa dieta para uma mente saudável.

Buscar prazer e conexão social

Prazer, felicidade, contentamento, bem-estar, diversão, entretenimento, agrado, satisfação, bom humor, deleite, excitação, entusiasmo, gozo.

Para além das anestesias que amortecem as dores de um cotidiano comum, você saberia dizer que atividades proporcionam emoções positivas na sua rotina?

Parece algo simples acrescentar atividades prazerosas na nossa rotina como forma de ser mais feliz, afinal, não é isso que as pessoas querem hoje em dia? Mas o mais comum atualmente é observar um distanciamento crônico entre a vida adulta e as atividades genuinamente prazerosas e divertidas. Justificativas não faltam. Crenças socialmente reforçadas como "primeiro a obrigação, depois a diversão" que aparecem como pensamentos automáticos do tipo "não posso me dar ao luxo de me divertir, tenho coisas importantes para fazer" nos impedem de criar e apreciar momentos de puro lazer. Como insiste a pesquisadora Brene Brown, dizer *sim* ao prazer e ao descanso em uma cultura onde a exaustão é percebida como símbolo de *status* social exige coragem.

A falta de tempo nem sempre é uma justificativa plausível, pois, quando há tempo livre, logo ele acaba sendo preenchido com alguma tarefa voltada ao cumprimento de alguma obrigação. Parece que é "errado" fazer algo que simplesmente lhe agrade, e, se fizer, a culpa acabará aparecendo. Não é mais apenas uma questão de culpa cristã; divertir-se pode virar um pecado frente ao grande "Deus mercado" e suas exigências de perfeição e produtividade sem limites.

A sociedade nos apresenta, como de costume, estímulos antagônicos. Por um lado, ofertas constantes de prazer, alegria e bem-estar surgem em todas as mídias, geralmente envolvendo comida, sexo e modelos jovens, magros e sempre sorridentes em paisagens bonitas. Nessas ofertas, a felicidade está atrelada ao consumo de algum produto, serviço ou marca, e para isso é preciso dinheiro. Aqui entra a outra polaridade: essa mesma sociedade exige sacrifícios, horas extras, obrigações e mais obrigações para conseguir obter esse dinheiro que, por sua vez, permitirá o acesso a esses prazeres, e, no limite, a uma visão idealizada e sorridente de nós mesmos.

Nesse contexto, atividades simples acabam virando mais uma obrigação, e não uma expressão de quem você quer ser e como quer ser no mundo.

Atividade física não é mais uma brincadeira ou algo prazeroso (como para a grande maioria das crianças e jovens): é agora uma pesada obrigação para que você possa se adequar ao padrão *fitness* de sua época.

Atividades artísticas despretensiosas como pintar, colorir, mexer com argila, massinha, tintas, água, giz etc. acabam virando uma exigência para demonstrar talento e profunda habilidade técnica. Não dá para simplesmente brincar de colorir, é preciso ter o lápis de cor perfeito, saber fazer sombreado e misturar cores e nunca, jamais, ultrapassar uma linha ou pintar de forma não realista (se é planta, precisa ser verde, nunca lilás com bolinhas laranja e azuis, por exemplo).

Às vezes, é preciso rabiscar para além das linhas. Às vezes é preciso caminhar por entre as árvores. Às vezes é preciso dançar sem contar os passos.

Divertir-se implica ter experiências, vivenciar algo, trazer sensações para o corpo e acordar os sentidos. Diferentemente de atividades voltadas para o descanso (que até podem ser prazerosas, mas o intuito é exatamente conseguir uma certa "desativação"), trazer para nossa rotina emoções positivas implica a participação intencional em alguma atividade agradável, sozinho ou com outras pessoas envolvidas.

Compreender o que é felicidade, ou como atualmente os psicólogos preferem chamar, o *bem-estar*, é um dos principais objetivos de um campo específico de pesquisa chamado Psicologia Positiva. Em seus estudos, os pesquisadores estabeleceram cinco pilares fundamentais para a conquista do bem-estar:

1. Engajamento
2. Sentido (ou propósito)
3. Senso de realização
4. Relacionamentos humanos
5. Emoções positivas

Todos esses pilares são necessários na construção de uma vida gratificante, de um cotidiano integrado. Assim, é preciso dedicar tempo para entender o que nos traz emoções positivas e desenvolver atividades com o objetivo de despertá-las. Conseguir fazer isso acaba sendo tão importante quanto administrar bem as finanças da casa.

As *emoções positivas*, conforme o psicólogo e pesquisador Martin Seligman costuma reiterar, podem ser categorizadas de diferentes formas:

• emoções voltadas ao passado (contentamento e satisfação, por exemplo);

- emoções voltadas para o futuro (otimismo, esperança e fé);
- emoções voltadas para o presente (prazeres e gratificações).

Aquelas voltadas ao passado e ao futuro envolvem, de certa forma, alguma elaboração simbólica por parte do cérebro. Contentamento e satisfação exigem não apenas a recordação de um fato, mas também dos afetos e significados de tal situação.

Otimismo e fé envolvem toda uma visão de mundo e postura diante dos acontecimentos positivos e negativos da vida. É algo aprendido e que pode sofrer alterações no curso da vida. Gostaria, aqui, de focar um pouco mais nas emoções positivas voltadas ao presente, ao aqui e agora, a algo que você pode começar a fazer hoje mesmo, assim que fizer uma pausa na leitura do livro! Sim, gostaria de oferecer algumas dicas práticas e objetivas de atividades que podem trazer algum prazer (e talvez alguma inovação) ao seu cotidiano.

Uma forma de trazer mais prazer à sua vida é aproveitar algo que você já carrega consigo sempre: seus cinco sentidos. Exemplos:

1. Visão: que tipo de paisagens, cores, quadros, cenários, fotografias você gosta de ver, de contemplar? Uma bela decoração, uma roupa bonita, flores na casa, um pôster, seu bichinho de estimação se espreguiçando. Busque imagens bonitas e agradáveis para a sua retina. Enquanto caminha na calçada, olhe para cima. Pare um pouco para contemplar a vista de uma janela.

2. Audição: quais os sons te trazem prazer? Música? Rádio, *podcasts*? Já reparou como uma atividade considerada chata (por exemplo, lavar a louça) fica menos pesada se você estiver ouvindo sua música preferida? Atente aos sons da natureza: ondas do mar, vento, folhas secas sendo pisadas, canto de pássaros, água corrente, crepitar de fogueira. Barulho de chuva, barulho da copa das árvores balançando. Você pode também prestar mais atenção aos sons da sua casa! Na cozinha, por exemplo, ouça com atenção plena aquele barulhinho típico de quando você joga uma cebola na frigideira quente ou quando você abre uma latinha da sua bebida gelada preferida. Ou então o som do chuveiro quente sendo ligado, da geladeira fechando, da gargalhada de uma criança no outro cômodo. Que outros sons te trariam uma sensação gostosa? Tantos são os sons que nos trazem prazer ou que nos remetem a boas lembranças!

3. Tato: fazer carinho em um bichinho de estimação, vestir uma roupa com um tecido gostoso ao toque. Sentir a delicadeza aveludada de uma pétala de rosa ou o conforto de uma meia felpuda quentinha em noites frias cobrindo seu pé. Fazer cafuné, receber uma massagem, dar um longo abraço. Mexer com plantas, sentir a "textura" das folhas, dos temperos, esmigalhar ervas secas. Tocar e sentir os alimentos que serão cortados, temperados. Colocar a mão na massa. Como trazer para o corpo prazeres diversificados através de sensações táteis agradáveis?

4. Paladar: encontrar prazer pelo paladar parece talvez um dos caminhos mais fáceis, ao mesmo tempo que segue um tanto quanto subestimado se pensarmos em todo potencial que ele carrega. Mais do que simplesmente saborear boas comidas, o convite aqui é para estar focado no momento em que for comer algo. Tal postura tem até nome: *"mindfulness eating"*, comer com atenção plena. Sinta, em sua boca, a textura do alimento antes de mastigá-lo. Deixe o alimento se movimentar por todas as partes da sua boca, da sua língua. Mastigue devagar e observe como, a cada mordida, o alimento vai mudando sua consistência e seu sabor. Faça algo parecido com o que você bebe. Aguçar o paladar, estar atento aos diferentes temperos, temperaturas, consistências é uma forma de encontrar prazer em pequenas atividades diárias. Não precisa fazer todo esse ritual a cada garfada ou mordida em todas as refeições, mas se permita vivenciar, de vez em quando, essa experiência.

5. Olfato: tantas possibilidades de cheiros, aromas e perfumes! Cheire mais! Seu alimento, sua roupa recém-lavada, a pele de um bebezinho, seu perfume preferido. Sinta o cheiro do seu xampu, sabonete, cremes hidratantes. Se gostar, perfume os ambientes, com essências aromatizantes ou incensos. De todos os sentidos, o olfato é o único que tem "linha direta" com a região que processa essa informação em seu cérebro, sem filtros. Os demais sentidos, antes de chegarem em sua área específica de processamento de informação cerebral, passam por uma espécie de "filtragem" em uma estrutura chamada tálamo, e continuam sua jornada através dos neurônios com informações já parciais. Por isso, o olfato tem tanto poder em nossas memórias: tem cheiros que nos remetem a fortes lembranças, seja da infância, seja de alguém por quem fomos apaixonados...

Entretanto, nem só de prazeres sensoriais é feita a vida. Buscar atividades que te dão um senso de gratificação ou realização é fundamental. Observe que, enquanto você realiza alguma ação, é

possível que não venha
nenhuma grande emoção
específica relacionada a ela,
mas, ao final, a sensação do ato
consumado pode lhe trazer uma
emoção positiva que tende a perdurar
mais que o rápido prazer oferecido por
uma estimulação sensorial. Assim, pense em
atividades que você gosta (ou gostava) de fazer.
Ou então que você tem curiosidade em experimentar. Atividades que requerem uma intenção clara (definida exatamente a partir do
que você deseja) e conversem com algum
valor pessoal são ouro quando a intenção
é construir um cotidiano mais integrado
(e, por que não?, divertido). Algumas
sugestões inspiradoras:

- Ler um livro ou uma revista
- Assistir a um filme ou uma peça
teatral, visitar uma exposição ar-
tística
- Acompanhar uma série ou
uma novela
- Programar uma festa ou
um encontro especial entre
amigos
- Montar um álbum de
fotografias (impresso)

- Organizar suas fotos digitais
- Escrever em um diário
- Pescar
- Pular de paraquedas
- Planejar uma viagem
- Viajar
- Conversar ao telefone com um amigo
- Organizar a casa; consertar coisas da casa
- Doar roupas, sapatos, livros, brinquedos
- Pintar as paredes da sala
- Mudar a decoração da sua casa
- Praticar um esporte
- Dançar
- Começar uma coleção
- Montar um álbum de figurinhas
- Cuidar de um animal de estimação
- Se inscrever em um trabalho voluntário
- Escrever um livro
- Pintar, desenhar, colorir
- Reciclar itens antigos
- Planejar uma mudança de carreira
- Cuidar de plantas; fazer arranjo de flores
- Soltar pipas
- Velejar
- Montar uma bicicleta
- Tocar instrumentos musicais
- Flertar
- Planejar reuniões familiares
- Fazer um curso de fotografia; tirar fotos

- Montar um quebra-cabeça
  - Jogar *videogame*
    - Aprender a fazer algo novo (de preferência que não esteja ligado ao trabalho)
      - Visitar pessoas que você não vê há tempos
        - Comprar livros
          - Ensinar
          - Dar uma volta de carro e conhecer lugares novos da sua própria cidade
          - Montar um grupo de estudos (cujo tema pode ser desde política externa a Harry Potter)

Existe um mundo de atividades possíveis que podem lhe trazer um senso de gratificação e proporcionar realização pessoal. Mais do que fazer dessas atividades uma exceção, o convite aqui é conseguir trazê-las cada vez mais para o seu dia a dia, indo além da "roda do hamster" de trabalho-casa-TV. Na construção de um cotidiano minimamente saudável, é fundamental encontrar ações e tarefas que nos encham de tesão pela vida!

E por falar em tesão...

Sexo e sexualidade

O sexo e a sexualidade permeiam nosso cotidiano, seja na prática propriamente dita, na linguagem e/ou no plano imaginário. Nosso desejo e nosso prazer sexual estão diretamente vinculados não apenas a fatores que envolvem um corpo com suas determinações biológicas, mas também à nossa história individual, às premissas culturais e sociais que são determinantes nas formas que encontramos de expressar nossa sexualidade. Freud incluiria também nossas relações parentais como grande influenciador de tudo que envolve os relacionamentos afetivos e o sexo.

A Psicologia, enquanto ciência laica, não está a serviço de moralismos (embora não esteja imune a eles) ou a conservadorismos ideológicos (embora esses movimentos muitas vezes procurem fazer uso da Psicologia para corroborar suas premissas). O que ela busca é a compreensão dos aspectos envolvidos na expressão sexual humana dita saudável, tentando estabelecer quais seriam os limites para uma expressão sexual patológica. Os debates nessa área estão longe de se esgotar – se é que um dia vão chegar ao fim. E, para além de toda a teorização, há a vida acontecendo, com seus encontros e desencontros, amores e desamores, eros e psiquês.

Se a sexualidade humana e a energia sexual têm um grande potencial para trazer para o corpo vitalidade e até cura, elas também podem envolver (talvez na mesma proporção) medos, tabus, preconceitos e bloqueios. Existe toda uma *normalpatia* ou *normose* (comportamentos nocivos à saúde e ao bem-estar, mas que já foram "naturalizados" pela sociedade e vistos como normais e comuns) envolvida em tudo que se relaciona com a nossa sexualidade. Ou pior: é possível projetar toda uma série de preconceitos, agressividade, pensamentos sexistas e rancores em nosso comportamento sexual.

Ao invés de ser desfrutada como uma expressão bonita, divertida e saudável de algo natural e básico para a existência da vida na Terra, nossa sexualidade acaba muitas vezes sendo atravessada por crenças, expectativas e exigências sociais que terminam por definir nossos afetos e atitudes. Assim, mesmo com toda uma libertação (ou revolução?) sexual conquistada principalmente a partir da década de 1960, tendo como sua principal aliada a pílula anticoncepcional, ainda há uma série de regras e normas conservadoras que oprimem a expressão livre e saudável da sexualidade humana.

Para a maioria dos homens, existe uma pressão social que exige que sejam constantemente viris, ou seja, tenham um pênis que nunca "negue fogo". Soma-se a isso a educação que coíbe a expressão emocional, reprimindo assim toda uma gama de experiências diversificadas e vínculos afetivos com outras pessoas. Se sexualmente "educado" através de vídeos pornográficos tradicionais, esse menino-homem acaba acreditando que as mulheres estão a serviço do seu prazer, que a única forma de chegar no orgasmo é através da penetração e/ou do sexo oral. A mulher é vista como um objeto sexual (e não como um ser humano com preferências, desejos, vontade própria e sentimentos). Esses modos de pensar acabam alimentando comportamentos patológicos, mas comuns (e até visto por muitos como "normais").

E no meio feminino? Pressão no sentido da busca da perfeição estética e silenciamento do próprio desejo e necessidades em função dos desejos do outro, do homem, acabam afetando a sexualidade feminina. Desde cedo, muitas meninas aprendem que mulher precisa estar sempre linda, magra e com uma aparência jovem e que não pode expressar claramente seus desejos sexuais sob o risco da censura social. A masturbação e a menstruação são consideradas algo vergonhoso. Ao silenciarem suas vontades, seus gemidos, seu corpo, sua sexualidade, elas crescem alheias ao que lhes dá prazer, não conhecem bem o próprio corpo ou sua vagina, e acabam terceirizando ao homem a responsabilidade pelo seu orgasmo. É comum as mulheres ficarem preocupadas com as "imperfeições" do próprio corpo e desenvolverem práticas sexuais inundadas por sentimentos de inadequação e vergonha.

Nesse teatro, ambos os atores acabam criando um cenário performático, muitas vezes distante do que realmente sentem, desejam ou gostariam de experimentar.

Esse é o cotidiano comum de boa parte dos casais heterossexuais.

No que se refere à sexualidade homoafetiva, dentre os homens ainda é visível um comportamento de repúdio aos gays mais "afeminados" (reforçando um ideal misógino) e uma pressão por desempenho e performance. Já mulheres homossexuais, como aponta o pesquisador David Frederick (entre outros autores) em um estudo da Chapman University (publicado em 2018), tendem a ter mais orgasmos do que mulheres heterossexuais.

Os autores do estudo apontam que, dentre as

mulheres que gozam mais, os seguintes comportamentos são descritos com mais frequência: recebem mais sexo oral, a relação sexual tende a ser mais duradoura, estão mais satisfeitas com o relacionamento atual, conseguem comunicar o que lhes dá mais prazer e dizer o que querem que o/a parceiro/a faça, costumam elogiar comportamentos sexuais do(a) parceiro(a), vestem lingeries sexys, tentam novas posturas sexuais, ligam, escrevem ou mandam e-mail com conteúdos sexuais, incorporam o *"sexy talk"* durante uma transa e expressam amor e carinho *durante* a relação. O orgasmo feminino parece estar intimamente ligado a toda uma construção da relação com a outra pessoa, à capacidade de comunicação do casal, a uma postura mais aberta e atuante na exploração do potencial do próprio corpo e das muitas nuances que estão implicadas na sexualidade.

Um homem mergulhado nos padrões comuns de pensamento e comportamento acaba no final do seu dia exercendo a atividade sexual de forma mais mecânica, rápida, sem muito afeto envolvido e focada quase exclusivamente na região genital e na penetração como forma de obtenção de prazer e alívio do estresse. A mulher heterossexual pode até encontrar algum prazer nesse tipo de relação, mas tende a sair mais frustrada que realizada, como quem "cumpriu mais uma obrigação do dia". Nada mais brochante do que isso.

Gostaria de convidá-lo a fazer um exercício de imaginação: visualize um cenário em que você cresce em um ambiente que aceita e estimula a curiosidade sexual saudável, que respeita o parceiro, que lhe permite desfrutar o prazer sem culpa, sem vergonha e sem cobranças. Como você se sentiria? Como você manifestaria essa sexualidade? De forma mais ativa, mais passiva, sensual, carismática (voltada a seduzir, encantar, agradar o parceiro), agressiva, carinhosa, espiritual, restrita (que dispensa preliminares ou proíbe certas carícias), vaidosa, rude? Como você daria prazer ao outro? Como receberia prazer? Como diria ao parceiro do que gosta ou do que não gosta quando vocês estão se relacionando sexualmente? Experimentaria uma relação com alguém do outro sexo? O que gostaria de explorar? E se o seu comportamento sexual fosse a manifestação do que há de melhor em você? De um (re)conhecimento do seu corpo e abertura às diferenças e necessidades do outro?

Como foi tentar responder a essas perguntas? Como é, para você, apenas mentalmente, ampliar e experimentar novas atitudes frente ao sexo e ao seu corpo? É comum sentir um misto de emoções, do entusiasmo à vergonha. Mesmo assim, permita-se, de vez em quando, fazer esses experimentos mentais para ao menos perceber se há crenças rígidas que podem estar limitando sua expressão sexual. Depois desse exercício, que tal se dispor a ampliar seu repertório e seu conhecimento a respeito de sexo?

PSICOLOGIA no cotidiano

Descansar

> Tudo o que dorme é criança de
> novo. Talvez porque no sono não se
> possa fazer mal, e se não se dá conta
> da vida, o maior criminoso, o mais
> fechado egoísta, é sagrado, por uma
> magia natural, enquanto dorme. Entre
> matar quem dorme e matar uma criança
> não conheço diferença que se sinta.
>
> (Fernando Pessoa, *Livro do desassossego*,
> v. 1, p. 52)

Você sabe descansar?

Lucas não sabia. Confundia sono com fome, necessidade de descanso com necessidade de lazer, e era comum usar as redes sociais até seu último minuto desperto, caído na cama. Seu sono era interrompido muitas vezes e geralmente afetado pelos ruídos e luzes de alguma tela ignorada.

***

Adriana sempre teve sono leve. Depois que começou a empreender em uma pequena confeitaria – Receitas da Vó Maria –, seu sono começou a ficar muito picado. Percebia que estava sob constante pressão, mas no fundo se orgulhava de uma rotina puxada de trabalho e de sempre estar ocupada, "sem tempo para nada". Pediu para seu ginecologista algum remedinho para dormir. Acreditou que agora esse "probleminha" estivesse resolvido e que poderia continuar na sua jornada "exaustiva e nobre" de empreendedora moderna.

***

Felipe, por sua vez, costumava dormir "como uma pedra". Gostava de meditar todas as noites, desligava aparelhos eletrônicos sempre cerca de 1 hora antes de ir para a cama. Evitava comidas pesadas e cafeína depois das 18 horas e se esforçava para não levar trabalho para casa. Porém, nos últimos dois meses um sonho recorrente vem tirando toda essa tranquilidade e Felipe não sabe mais o que fazer para recuperá-la. Sonhos repetitivos envolvendo perseguição e fuga geram uma ansiedade incômoda e um medo de ir dormir. Será o momento de buscar um analista?

***

Retomo aqui meus casos fictícios para exemplificar atitudes e hábitos comuns. Como seria um parágrafo sobre você, leitor, sua forma de descanso, seu sono e seus sonhos? Ele descreveria algum comportamento típico de todas as noites? Teria alguma diferença significativa com relação ao "horário comercial", onde o sol brilha e o ritmo do relógio vai guiando suas ações?

Descansar, dormir, sonhar. Desacelerar o ritmo, entrar no fluxo natural das necessidades fisiológicas e psíquicas de repouso e recuperação. Passamos cerca de um terço do nosso dia dormindo, e algumas pessoas consideram isso "perda de tempo". "Posso dormir depois que morrer" ou "recupero o descanso depois, no final de semana". Ledo – e perigoso – engano. Se você tem uma boa qualidade de sono, os outros dois terços do seu dia vão render de forma muito melhor.

Já reparou que, quando estamos em um período de restrição de sono, os efeitos disso ao longo do dia se assemelham a uma leve embriaguez? Podem prejudicar a coordenação motora e afetar o raciocínio. Alguns estudos apontam inclusive uma espécie de "miopia" (uma visão um pouco mais embaçada) depois de noites mal dormidas (ou não dormidas).

Durante o sono, há uma espécie de faxina cerebral. O responsável por essa limpeza é o sistema glinfático, que elimina as toxinas produzidas pelas células nervosas cerebrais e o resultado desse processo é fazer com que você consiga raciocinar melhor, lembrar mais daquilo que importa lembrar e "esquecer melhor" o que deve ser esquecido. Quando há uma restrição de sono, é esperado que você fique mais sensível aos estímulos aversivos do ambiente (chateações, preocupações, problemas, brigas, indiretas das redes sociais etc.) e dê pouca atenção às pequenas alegrias do seu cotidiano. Sua atenção diminui, atrapalhando o foco e sua capacidade de armazenar novas informações. Já reparou como, depois de muitas noites bem dormidas, parece que sua mente fica "mais leve"?

O sono é uma função tão básica para a nossa vida como respirar, se alimentar e ingerir água. Descuidar da qualidade do sono e manter-se dormindo pouco e/ou mal seria o equivalente a usar uma máscara de fumaça para respirar, beber água contaminada ou comer algo levemente estragado. Profissionais da área da saúde em geral afirmam que a base para uma boa saúde e qualidade de vida está na "santíssima trindade":

- Sono
- Alimentação
- Movimento

Estudos mostram que, na última década, os problemas com o sono vêm crescendo, e com eles os problemas de saúde e consumo de medicamentos para ajudar a dormir. Como algo tão inerente à natureza se tornou um problema? Aponto dois protagonistas para nossa dificuldade em dormir: excesso de luzes e de informações noturnas somado ao excesso de cobrança por desempenho.

Já está bem documentado o efeito tóxico no ritmo circadiano humano da "luz azul" das telas dos computadores, celulares, *tablets*, televisores, entre outros aparelhos. Ficamos cada vez mais expostos às luzes acesas e recebendo informações, o que impede o *desaceleramento corporal básico* que induz naturalmente o sono. Além disso, a cobrança exagerada por produtividade e desempenho faz com que um grande número de pessoas não se dê "ao luxo" de dormir "longas 8 horas" por dia, pois "tempo é dinheiro", "é preciso dar duro para vencer na vida" e tantas outras crenças que exigem alta e eterna performance, 24 horas por dia nos 7 dias da semana. Voltando à analogia feita anteriormente, é como se você quisesse se convencer de que estar comprometido com o trabalho significa se alimentar com comida vencida e beber uma água não filtrada. Faz algum sentido para você? Espero que não! Uma boa noite de sono precisa entrar na equação e nas narrativas cotidianas sobre qualidade de vida.

Uma sociedade permeada pelo desempenho (e pelo *cansaço inerente*, como já aponta o filósofo contemporâneo Byung-Chul Han) acaba exigindo das pessoas um funcionamento até superior ao de máquinas, pois ao menos estas têm o direito de ser desligadas periodicamente. Aos olhos do "deus mercado" e sua criação, a "sociedade do cansaço", tudo que é humano, instável ou parte dos ciclos da vida não são bem-vistos.

Assim, cresce cada vez mais o número de queixas relativas à dificuldade (e às vezes a incapacidade) de relaxar ao lado do discurso de "não se sentir no direito" ou "merecedor" de um bom e rotineiro descanso diante das inúmeras tarefas ainda a serem cumpridas. Aqui cabe um lembrete: determinados resultados no trabalho (inclusive se pensarmos em produtividade) só são possíveis quando se dá ao corpo a chance de regenerar-se durante o sono. E um sono de qualidade só é possível quando conseguimos ir para a cama relaxados e desacelerados.

E os sonhos, como eles são? Sonhamos todas as noites, embora nem sempre nos lembremos do conteúdo dos sonhos.

Os sonhos podem oscilar desde confusos "borrões" de imagens desordenadas até verdadeiras odisseias em que o sonhador é o protagonista. Protagonista sim, porém, na maioria das vezes, sem controle do desfecho da história ou dos rumos que esta vai ter. Os sonhos refletem não apenas a paleta de cores emocionais que vivemos enquanto estamos acordados, eles conseguem desmascarar como de fato estamos encarando algumas situações da nossa vida com uma honestidade muitas vezes cara à nossa consciência. Muitas vezes é difícil conseguir interpretar ou compreender sozinho, fora do contexto de uma psicoterapia ou análise, a linguagem

dos sonhos. Mas é pos-
sível, sim, começar a ficar
mais íntimo desse univer-
so através de práticas simples
como anotá-los e pensar sobre eles.
Não é preciso esperar uma série de pesadelos ou crises noturnas para começar
a prestar atenção nos próprios sonhos. Você
pode começar a anotar o que se lembra deles a
partir da próxima noite e observar um fenômeno curioso: quanto mais você anota, mais
você começa a se lembrar do que sonhou.
O convite aqui é para acordar para os próprios sonhos e tentar perceber o que seu
inconsciente está tentando comunicar.
Talvez você descubra um desejo de ter
uma vida para além do seu atual cotidiano. Qual o seu sonho? E quando
acordado, com o que você se permite sonhar?

***

No nosso dia a dia não
deixamos algumas coisas
de lado porque acabamos
priorizando outras? E, enquanto vamos vivendo,
integrando nossas expe-

riências em um todo coerente (ou não), dançando nas polaridades constituintes da nossa existência, quase anestesiados pelos padrões que se repetem, o inesperado – embora também absolutamente comum – bate à nossa porta (ou a arranca de supetão): se tem algo que pode nos despertar de nossa inércia, esse algo chama-se *crise*.

As crises podem se apresentar com roupagens diferentes. Términos de relacionamento, fracassos, demissões, mortes, nascimentos, alterações radicais. Todo *status quo* profundamente questionado, alterado ou extinguido provoca uma crise. E toda crise pode ser encarada como oportunidade de mudança e criação. É quando o cotidiano se "quebra", tal como um ovo que se parte para que uma nova vida possa surgir de dentro dele. O desafio então é superar os obstáculos e conseguir, aos poucos, caminhar por novas trilhas – e novos cotidianos – que a vida oferece sabendo que não há crescimento sem crise.

2

Quebra do cotidiano

"Não
me venha com essa ladainha
de 'crise como oportunidade'. A única oportunidade que eu quero é um caminho rápido para sair dessa dor, dessa dor que me rasga, que me asfixia! Você sabe o que é isso? Sabe o que é sentir o pulmão perfurado com uma dor aguda a cada respiração? Aquilo que garante a vida me aproxima da vontade de morrer. Por favor, me tira daqui, me tira desse desespero, me tira dessa angústia. Dói, dói, dói olhar, sentir, pensar... me ajuda, me tira desse estado, me tira dessa vida, dessa crueldade, desse vazio, dessa ânsia.. quisera eu poder vomitar tudo, vomitar a alma, vomitar a dor, quisera eu ser queimada viva e buscar alívio em um corpo em chamas. Arranca essa impossibilidade de viver enquanto caminho, pois
nesse mar de tormentas
não há promessa

de luz do sol, não há aconchego na ideia do amanhã. O que tem é breu, é desespero, é dor pontuda, é a certeza do não lugar. Me tira daqui, por favor, me tira daqui. Traz de volta meu filho, traz de volta o sol, traz de volta a possibilidade de respirar sem dor."

* * *

"Treze longos e sacrificantes anos dedicados à empresa para acabar assim? Não, não é possível. Tem que haver algum engano. Eles não podem me demitir de uma hora para a outra. Eu não posso sair agora da empresa, não agora, pelo amor, onde vou conseguir um novo trabalho chegando perto dos 50 anos? Falta tão pouco para liquidar o financiamento da casa. E a faculdade da Carlinha? Não, não não, não é possível, preciso conversar com meu chefe, preciso conversar com o Seu Celso do RH. *Não, deve ser algum engano... não pode ser."*

* * *

"Larissa abre o envelope pela quarta vez. Encara a imagem da sua mamografia

e aquele maldito ponto branco, disforme, cheio de minúsculos tentáculos que, em sua imaginação, sugavam no seio a sua vida. Era assim que percebia o seu tumor, um invasor fixado na imagem do exame, na imagem da sua mente, na imagem dos inúmeros pesadelos desde a última consulta médica. Larissa chorava, em silêncio, seus gritos internos. Precisava de ajuda, de apoio, de fé, de um abraço. O que tinha agora era um exame nas mãos e inúmeras dúvidas pesando no ar."

* * *

"É estranho voltar para a casa e ver o quarto dela vazio, ser atravessada pelo silêncio. Os 'bem-casados' ainda estão sobre a mesa de jantar e aos poucos vou recebendo as fotos da festa do casamento em meu celular. Minha filha estava tão linda, tão feliz! Como posso estar tão triste? Eu deveria estar radiante em ver que ela se casou apaixonada, tem uma bela carreira pela frente e sonhos saudáveis e ingênuos que toda moça de 28 anos tem. Mas eu sinto tristeza. Eu sinto raiva. Como se tivesse sido traída.

*Ouvi durante anos que toda mulher se re-
aliza depois que vira mãe. Pois bem, virei
mãe. Mãe em tempo integral, de corpo e
alma. Mãe dedicada. Mãe presente. Mãe
amiga e mãe chata. Nem chorei o luto do
divórcio quando ela tinha 15 anos, afinal
minha preocupação toda estava voltada
para o equilíbrio emocional dela e me controlar para não afetar a relação pai e filha.
E depois de todos esses anos sendo mãe, ela
simplesmente vai seguir a vida dela? Sim...
sim, eu sei, eu sei que é o que os filhos fazem. Eu mesma saí de casa também, não é
mesmo? Mas é tão estranho voltar para a
casa e ver o quarto dela vazio, ser atravessada pelo silêncio. Como se agora eu fosse
obrigada a me encontrar. Para além do papel de mãe, não sei se sobrou alguma coisa. Confesso que quando me chamam pelo
meu nome, Cláudia, eu estranho. Quem é
Cláudia? Se não for pela minha filha, que
função tenho na vida?"*

* * *

Se olharmos de forma ampla o
mundo, para além do nosso umbigo,

veremos diariamente as pessoas passando por diversos tipos de crises: seja em função das fases naturais da vida, seja relacionadas a algum acontecimento que afeta o físico (doença, acidentes), crises relacionadas à morte e aos processos de luto, crises relacionadas ao encerramento de algum ciclo (término de relacionamento, demissões, um projeto que não deu certo etc.). Há um paradoxo aqui: ao mesmo tempo que as crises tendem a ser inesperadas e pontuais, elas são cotidianas e comuns à vida de todos.

Crises, adversidades, apuros, provações causam apertos, embaraços, agruras, perturbações internas, alterações de humor, desequilíbrios, quedas. Há uma variedade rica de termos que nos remetem à sensação inconfundível de vulnerabilidade, desconforto e dor associada a situações de crise.

Como enfrentá-las?

A origem etimológica da palavra vem de *crisis*, do latim: momento de mudança súbita; ou também do grego *krísis*, que se remete à ação ou faculdade de distinguir e de tomar decisões. É sabido que *não é necessário chegar a um ponto de crise para que decisões sejam tomadas, porém é justamente nas situações críticas que surge uma motivação maior para mudar.*

Mesmo com tantas divergências entre os estudiosos da Psicologia, acredito que todos concordam com um ponto: não existe a possibilidade de vida sem crise e não há crise sem dor. Já o sofrimento, segundo alguns, é algo "opcional". Aqui há uma distinção entre *dor*, como uma resposta psicofisiológica a um evento crítico, e *sofrimento*, como a narrativa mental construída ao respeito do evento crítico. Como toda narrativa, essa também pode ser modificada. *Sofrimento* é algo composto de julgamentos, crenças, valores, premissas. Portanto, *se houver uma alteração na forma com que uma situação da vida for elaborada e julgada, é possível sofrer menos ou até deixar de sofrer.*

Voltemos aos exemplos citados. Uma família que perde um filho pode criar um grupo de apoio a pais enlutados e descobrir amor e compaixão através de novas conexões com outras pessoas com vivências parecidas. Alguém que é demitido já com uma idade avançada pode aproveitar esse momento para rever suas escolhas de vida dos últimos anos, retomar contato com a família e, quem sabe, rever alguns talentos que estavam escondidos. Uma mãe cuja filha, ou filho, saiu de casa tem uma grande oportunidade para resgatar a mulher por trás do papel da mãe, que assumiu com dedicação quase exclusiva, deixando suas necessidades e gostos pessoais de lado. Em todas as histórias, é possível reconstruir um novo cotidiano, mais coerente com as novas demandas que o mundo acabou exigindo.

Porém, atenção: um ponto a ser *ressaltado*, **destacado**, <u>sublinhado</u> e, se possível, relembrado com um post-it colado na sua mesa é que, realmente, *não é possível viver uma vida sem dor*. Contudo, o que se observa é que passamos grande parte do nosso dia fazendo de tudo para evitar dores que, como foi visto, são inevitáveis! Grande parte dos esforços, vícios, tendências e decisões estão voltados a tentar eliminar (livrar-se de) tudo aquilo que leve à dor, mesmo que seja apenas um pequeno desconforto. Hoje em dia, não se tolera mais qualquer mal-estar, há uma profunda aversão a tudo que pode gerar algum sofrimento e, com isso, é possível observar rotinas de vida criadas na tentativa de sustentar uma vida "feliz", compreendendo felicidade como a cristalização de um estado sem sofrimento ou problemas. Buscar uma melhora na qualidade de vida através da *esquiva experiencial* (nome técnico utilizado quando evitamos experiências) é tão eficaz quanto buscar uma vida saudável através de *junk food*. Pode até trazer algum conforto instantâneo, mas a médio e longo prazo traz mais problemas. Quando não se vive plenamente as grandes (e naturais) crises da vida, acaba-se padecendo em eternas crises menores, sem resolução. Escolhas frequentes baseadas no medo e na fuga só tendem a reforçar os sentimentos de medo e fuga e, pior, de solidão (tão frequente no mundo contemporâneo). Exemplos típicos: não investir em algo que você realmente acredita e de que gosta; estender um relacionamento ruim por medo de ficar sozinho; usar alguma droga (lícita ou não) para anestesiar algum desconforto; ficar só em casa, vendo TV e ligado nas redes sociais como forma de "entretenimento", e cada vez mais se isolar do mundo, das experiências reais.

Adversidades geralmente são acompanhadas pela tríade universal das emoções incômodas:

- Medo
- Tristeza
- Raiva

Quando estamos com medo *(angústia, vergonha, ansiedade, pânico)*, tristeza *(melancolia, desânimo, preguiça)* ou raiva *(irritação, ódio, indignação)*, estamos, sim, desconfortáveis. Mas essas emoções não são necessariamente negativas, afinal toda e qualquer emoção tem sua função e relevância. As emoções carregam informações. Podem ser pensamentos (verdadeiros ou não), imagens, memórias. Podem ser julgamentos (realistas ou não), percepções ou análises.

Para os terapeutas cognitivo-comportamentais, emoções vinculadas com a *tristeza* referem-se, geralmente, a afirmações negativas (fruto de um pensamento, uma ideia ou lembrança) a respeito de si mesmo ou algo significativo para si ("sou burra"; "sou incompetente"; "meu marido não me ama"; "sou uma péssima mãe"; "sou um covarde"; "sou uma fraude"). A tristeza geralmente aponta para algo que não está muito bem na sua vida, assim, é o termômetro que mostra alguma insatisfação, um incômodo. Sem essa emoção, você dificilmente repensaria algo na sua vida e se proporia a mudar.

Já a ansiedade e o medo apontam, de modo simplificado, para algo que de alguma forma está lhe ameaçando, seja fisicamente, seja psicologicamente. Desafios tendem a causar certa ansiedade também. *Ansiedade* está relacionada a uma previsão negativa do futuro somada a uma percepção de ausência de recursos para lidar com o problema vindouro ("E se eu não conseguir terminar este livro a tempo?"; "E se ele me trair?"; "E se eu perder o voo?"; "E se eu for mal na entrevista?"). Uma dica interessante é notar que, se algum projeto ou algum passo importante na sua vida está lhe causando "um frio na barriga", tente apostar nesse caminho, ele deve ser importante. Se não fosse algo significativo para você, não despertaria nenhuma emoção.

E a *raiva*? Bem, essa emoção geralmente tão forte e "incontrolável" surge quando uma "regra interna" é quebrada ou violada, ou seja, algo que para você é uma "regra moral", algum valor ou princípio que rege sua vida e alguém (ou você mesmo) acaba quebrando ("Ele não podia ter feito isso comigo"; "Ela tinha que ser pontual"; "A equipe deveria ter caprichado mais no relatório"; "Ele não tinha o direito ir embora antes de o filme acabar"). Todas as pessoas têm uma espécie de conduta moral e ética particular. Algum "deve ser" ou "tem que" particular: "As pessoas devem ser honestas"; "Meu marido tem que ser fiel"; "Minha amiga tem que me ouvir"; "Eu devo ser pontual e produtiva". Sempre que alguma dessas regrinhas pessoais é quebrada, a raiva surge: "Fulano não podia ter feito isso!". Comece a observar seus pensamentos em momentos de irritação e note quantos "tem que" ou "não podia" ou "não deveria" aparecem. A ideia não é questionar suas regras particulares. A reflexão que sugiro é: pense por que o outro seguiria regras que são importantes para você. O que será que levou o outro a agir de forma destoante das tuas regras internas? Aproveite a raiva para descobrir quais são seus valores e princípios éticos e reflita sobre eles e sobre como vai escolher lidar, daqui para a frente, com pessoas que agem de forma contrária ao que você espera. Inclusive você mesmo, pois às vezes pode quebrar uma regra que é sua. Se chega atrasado e tem como regra pessoal a pontualidade, ficará bravo consigo mesmo. Como trabalhar a *autocompaixão* sem cair em autopiedade?

Dessas três emoções básicas, é possível elencar uma série de outros sentimentos mais elaborados e também incômodos: culpa, ressentimento, mágoa, rancor, desprezo, repulsa, impaciência, fissura, desesperança, insatisfação, sensação de vazio. Em geral, quando as pessoas se deparam com uma dessas emoções, essas trombetas anunciando possíveis crises, elas tentam fazer de tudo para calar essa voz. Ultimamente, o vício no celular, por exemplo, tem sido uma forma de tentar se amortizar pequenas angústias e se desconectar de si.

Como foi visto, cada emoção tem sua função e é importante entendê-las, prestar atenção, ficar um pouco com esse incômodo e aprender com elas. O problema é não reconhecer todo esse processo e ainda tentar se livrar desse desconforto lançando mão de produtos tecnológicos (celular, *videogame*), químicos (remédios, drogas) e gastronômicos (*junk food*, doces). A longo prazo, não funciona!

Permita-me uma analogia: quando você vai medir a febre de alguém e o termômetro avisa que a temperatura corporal está chegando aos 39 graus, você xinga o termômetro? Quebra-o? Tenta resfriá-lo rapidamente na geladeira ou na torneira para que ele não demonstre mais esses malditos 39 graus? Acredito que não. *Ne nuntium necare*: não mate o mensageiro, já dizia o provérbio. Pois bem, troque agora "termômetro" por alguma emoção incômoda e "febre" por um sinal de que algo não está indo muito bem.

Preste atenção em suas emoções e busque a informação ali contida. Alguns autores comparam essa atitude a surfar uma onda: a emoção vem, tem um pico e, se aceita sem resistências, tende a ir embora. O problema é que, no pico de uma emoção desagradável, comumente tentamos fugir dela compensando com alguma sensação agradável. Com isso, as crises vão sendo varridas para debaixo do tapete, ou como diriam os analistas, *reprimidas*, e as emoções que desencadeiam acabam "indo" para *o inconsciente* (ou para a sombra). Isso acaba voltando, seja como um sintoma físico, um *transtorno emocional* "repentino" ou outro problema qualquer que poderia ter sido evitado se devidamente olhado tempos atrás.

CRISES COMO POSSIBILIDADES

Existem formas mais saudáveis de sentir dor e enfrentar crises. Refiro-me às práticas e à compreensão do mundo descritas em uma abordagem que vem ganhando repercussão acadêmica, a Terapia de Aceitação e Compromisso

(*Acceptance and Commitment Therapy* – ACT). A ACT, ao partir da constatação de que *não é possível viver e se desenvolver sem o enfrentamento de crises e de dor*, convida-nos *a aceitar a realidade da vida tal como ela é e a nos comprometer com o que temos de mais valioso na vida.* A definição do que é valioso, ou seja, do que faz uma vida digna de ser vivida é pessoal e intransferível e necessita de algum grau de reflexão e de autoconhecimento. Além disso, cabe ressaltar que tal definição é passível de mudanças ao longo de uma trajetória de vida, exigindo doses de *flexibilidade cognitiva*, ou seja, a capacidade de conseguir ter uma mente mais "maleável", não tão rígida, podendo enxergar outros pontos de vista ou elaborar novos significados para velhas questões.

O importante é compreender que a opressão por parte dos discursos atuais que preconizam que, para sermos felizes, gratos, espiritualizados e plenos, devemos ignorar todas as nossas dores, mágoas, traumas e as crises e dificuldades da vida é, em meu julgamento pessoal, o que há de mais alienante, cruel e muitas vezes mantenedor de transtornos emocionais.

A busca pela vida perfeita e feliz, estática, editada e postada com filtros nas redes sociais faz com que as crises humanas sejam disfarçadas, não compartilhadas, não assumidas. É preciso saber:

- tolerar o mal estar;
- estar presente nas situações do cotidiano (e não preso aos devaneios construídos pela mente);
- se relacionar, ouvir e falar;
- dizer sim e dizer não em cada caso;
- viver o luto das muitas mortes (simbólicas ou literais) que surgem no caminho;
- lidar com o erro, a rejeição, a crítica, o torto, o riscado, a cicatriz, a gordura extra, as espinhas e as rugas, o cansaço e a irritação;
- respeitar com empatia o diferente, o divergente, aquele que tem uma cultura distinta e outros valores.

Viver, com V maiúsculo, encontrar a *tal* felicidade e a realização pessoal só é possível quando abraçamos com respeito e sabedoria também a não vida, as mortes, as dores, sabendo, "com alma e estômago", que *não existe nada estável e seguro na vida.*

De marolinhas a *tsunamis*, nossas águas vêm e vão e nos convidam a mergulhos, rasos ou profundos. Das barrigadas aos saltos profissionais, o importante é *lembrar, no pior momento, no pico da dor, que até ela também passará.*

E o que fica depois de uma crise? Para além das cicatrizes, fica a possibilidade de passar por uma ressignificação da vida, uma mudança profunda na forma como ela estava sendo conduzida até então. Exemplos não faltam: pessoas que começaram a dar mais valor à família e às relações pessoais depois de terem recebido o diagnóstico de uma doença; mulheres que encontraram uma força antes desconhecida e seguiram em frente depois do fim de um casamento ou ao enfrentar uma maternidade sem um companheiro por perto; famílias que souberam reconstruir suas vidas após algum desastre natural que destruiu sua casa, seus móveis...; refugiados de guerra que recomeçaram a vida do zero, em outro país; adolescentes que amadureceram ao se distanciarem dos pais (talvez no privilégio de um bom intercâmbio); casais que, ao perder um filho, conseguiram superar a dor aguda e valorizar a vida que ainda pulsa.

Quando conseguimos encontrar algum sentido na vida, as situações mais absurdas e difíceis a que muitas vezes somos submetidos não são suficientes para "aniquilar nossa alma". Apesar de tantos pesares, podemos manter a vontade de seguir em frente, um compromisso com a vida.

Ouso propor um brinde, ainda que doído e cheio de lágrimas, às crises do cotidiano, pois é através delas que podemos questionar, revisitar e virar de cabeça para baixo as rotinas que até então nos definiam e, quem sabe, criar uma vida loucamente sã.

3
Um "cotidiano loucamente são"

Sim, sou muito louco, não vou me curar
Já não sou o único que encontrou a paz
Mas louco é quem me diz
E não é feliz, eu sou feliz.
("Balada do Louco", Os Mutantes)

Era uma tarde de primavera. A paciente me relatava, angustiada, seus desejos e – sobretudo – seus temores. Queria profundamente mudar. Separar-se, telefonar para um amor antigo e, na melhor das hipóteses, ainda correspondido. Queria investir em uma nova carreira, falar "umas verdades" entaladas na garganta para uma lista íntima de pessoas. Queria arriscar viver o que acreditava ser o correto. Mas não se sentia capaz. Sentia-se velha, incomodava-se por estar acima do peso, acreditava ser incompetente e não merecedora de receber pelos serviços que prestava. Estava cheia de dores, de mágoas e de dívidas. Piores que as dívidas financeiras eram as dívidas morais que a angustiavam, pois ela misturava um senso de gratidão pela ajuda recebida com uma ideia confusa de "obediência" e servidão a quem a tinha ajudado. Quanto mais ela percebia a distância entre o que desejava e o que vivia em seu cotidiano, mais inquieta e turbulenta ficava a sua fala.

De repente, ela se jogou para trás no encosto da poltrona, cruzando os braços acima da cabeça e, em um suspiro, me encarou.

– Sabe o que eu gostaria mesmo, Nina?

– Não, o quê?

– Eu gostaria de enlouquecer. Ficar louca, sabe? Porque aí talvez eu teria o direito de fazer tudo que quero sem encarar o julgamento e a cara feia das pessoas. Se enlouquecesse, quem sabe eu poderia ser eu?

Esse é um caso real que me tocou profundamente há alguns anos e que contribuiu significativamente na minha formação profissional e pessoal. Como não lembrar da prosa poética de Clarice Lispector em "Se eu fosse eu" no livro *A descoberta do mundo*? Cito um trecho: "[...] Experimente: se você fosse você, como seria e o que faria? Logo de início se sente um constrangimento: a mentira em que nos acomodamos acabou de ser locomovida do lugar onde se acomodara. No entanto já li biografias de pessoas que de repente passavam a ser elas mesmas e mudavam inteiramente de vida. [...]."

Uma rotina loucamente sã é uma construção constante (não estagnada), dialética (consegue agregar polaridades, e não excluir a alteridade), que não se concentra tanto em caminhos ou rotas já traçadas e "seguras", mas se empenha na identificação e elaboração de uma bússola pessoal e intransferível. O caminho se apresentará durante o processo de caminhada, que não será feita como um andar aleatório de um bêbado, mas terá essa bússola como guia. E, como tudo que é criado em nosso mundo, tal bússola também será fruto de uma visão, de um sonho. Um ousar sonhar a si mesmo.

Já reparou que a maioria das pessoas, quando "adultece", não se permite mais sonhar? Se questionadas: "qual seu maior sonho?", as respostas tendem a ser algo como uma visão talvez um pouco melhorada de alguma condição atual: ter uma casa própria, casar, talvez ter um filho, uma ascensão na carreira (de preferência estável com carteira assinada e bônus anual), conhecer determinado país (de preferência do primeiro mundo para render belas fotos). A descrição desse (pseudo) sonho será marcada por condicionantes sociais arraigados, fórmulas prontas e aceitas pelo grupo, sem muito espaço para o subjetivismo, pois dificilmente se enxerga para além do que é preconizado pelas normas, consensos e hábitos de uma determinada cultura. Nos identificamos com os papéis recebidos em um roteiro teatral, cujo autor desconhecemos, e vamos vivendo os dramas e desejando obter aquilo que o discurso convencional diz que devemos querer.

Agradeço até hoje a lição que aprendi naquele dia em que minha paciente desejou a sanidade através da "loucura": que, em uma sociedade cada vez mais doente e contraditória, ser são, às vezes, pode implicar ser visto como louco. Nesse dia, com esse *insight* da paciente, os conceitos de "normalidade", "patologia" e "loucura" foram completamente revisitados e uma nova compreensão começou a surgir. E, coincidências da vida, a partir desse dia, autores e livros que ousavam versar sob outros paradigmas não tão tradicionais nas academias começaram a chegar à minha mesa. Comecei a entender o que seria uma *normalpatia*, ou ainda *normose* – termo mais utilizado para fazer referência à *neurose* ou *psicose* (conceitos usuais na literatura psicanalítica). A normose é caracterizada por uma série de comportamentos, pensamentos, atitudes, hábitos aprovados por um consenso em determinada sociedade, ou seja, são considerados normais, porém, levam a sofrimentos, doenças e, às vezes, até à morte.

Assim, é bom refletir. Como seria construir um cotidiano tendo como base não necessidades e tarefas a serem cumpridas, mas valores a serem desenvolvidos? Como seria o seu dia a dia, que decisões você tomaria, se o seu objetivo principal fosse aprimorar um talento seu e tornar o mundo um lugar melhor?

Imagine um cenário alternativo, onde você continua trabalhando, pagando contas, cuidando da família, estudando para provas..., enfim, mas preocupado não tanto em cumprir uma lista de

tarefas, mas, sim, em
se conhecer e aprimorar-
se. Nesse novo modo, mais
rico, de encarar o cotidiano,
você quer de fato conhecer quem
são os outros. Você percebe que existe
uma vida em cada rosto cansado no trânsito, uma razão em cada atividade executada...
Imagine que loucura seria construir intencionalmente um cotidiano com base nesse tipo de
percepção e valores?

O cotidiano tipicamente comum – ou seja,
normal – descrito neste livro é um ótimo exemplo de normose. Não se dedicar a conhecer,
aprimorar e exercer os talentos que os deuses,
a natureza, ou seus genes te confiaram não
costuma ser visto como algo problemático. Na
verdade, é considerado socialmente algo bem
normal suprimir nossas verdades para nos
adaptar ao que a "sociedade" espera de nós,
ao que é mais cômodo.

Aliás, "sociedade" é uma entidade
por demais ampla e abstrata. Fica
aqui um questionamento: como a
"sociedade" chega até você?
Através dos seus pais e de

alguma cobrança familiar? Dos vizinhos? Através da televisão com suas novelas ditando normas? Ou quem sabe a realidade editada e camuflada das redes sociais? Seriam seus colegas de trabalho membros típicos da sociedade que vigiam, indiretamente, seus passos? Ou será seu parceiro romântico? Quem é que te cobra – ou reforça – comportamentos que a médio prazo te trazem sofrimento, frustração e doença? E o quanto dessas cobranças "externas" está tão introjetado que faz com que você também faça essas mesmas exigências aos outros? O ciclo de cobranças se fecha e, com ele, a possibilidade de se traçar caminhos autênticos, criativos e originais.

Não espere uma crise. O diagnóstico de uma doença grave e/ou crônica. A perda de um ente querido que te faça questionar vida e morte. Não espere perder algo significativo. Claro, como vimos no capítulo anterior, podemos aprender com a dor, mas *podemos aprender também através da reflexão*.

Para isso, resolvi te oferecer um drinque. Nessa

bebida mágica incluirei destilados de vários conceitos psicológicos e psicanalíticos juntos, conceitos que às vezes brigam, mas que se dosados de forma correta e sábia, podem oferecer algo exótico e saboroso.

Enquanto você vai degustando essa bebida colorida, você começa a relaxar e repassar a história da sua vida, como quem vê um filme. Percebe os padrões comportamentais dos teus pais, e como estes foram influenciados pelos teus avós, que, por sua vez, respondem às crenças dos seus bisavós, e assim por diante. Nesse transe, você vê o número de pessoas da sua família se multiplicando, reconhece traços faciais, algumas manias, gestos e rancores que passaram por gerações até chegarem a você. Você percebe, então, o quanto, até de forma inconsciente, você esteve seguindo padrões e respeitando valores que não te satisfazem, ou seja, não são os seus. Você reconhece também alguns talentos e qualidades nesses mesmos ancestrais e sorri, pensando: "Ah, por isso aqui sou grato!". Então, mentalmente, você agradece aquilo que hoje te faz bem e, quase que, em um ritual, descarta algumas mágoas, vícios e valores que você não quer continuar reproduzindo na sua vida ou repassando a seus descendentes. Nesse momento, você passa por um segundo nascimento, que é quando alguém consegue se desvincular das amarras familiares para experimentar um senso de identidade própria e "independência" psicológica. Você é o que é, independentemente da aprovação ou desaprovação dos seus pais. Você se sente mais leve, mas ainda há mais bebida no copo longo que te ofereci. Nos próximos goles, você começa a olhar de fora, como quem sai do próprio corpo, para as pessoas que te rodeiam. Você consegue observar a trama social construída pelos roteiros individuais e coletivos preestabelecidos em que cada indivíduo vai encarnando seu papel, obedientes. Poucos são aqueles que estão em uma postura ativa na condução de suas próprias histórias. Na grande maioria das vezes você percebe pessoas agindo de modo automático. Fica tudo tão óbvio para você! Então, decide que

não quer mais fazer parte desse espetáculo.
Percebe que não precisa tanto dos aplau-
sos, nem fica aterrorizado com a possibilidade de receber vaias. Você
se dá conta de que cada um
está lidando, da melhor
forma possível (mesmo
que "o melhor possí-
vel" seja muitas vezes
de forma cruel e agres-
siva) com as próprias
dores e sonhos e, de
forma empática, conse-
gue se descolar dessa
trama. Você assume o
protagonismo da sua
própria história.

Pesando algumas
toneladas a menos,
você se sente leve e se
depara com um vazio.
Você sente medo, mas eu
estou sorrindo ao seu lado e te
convido a um último gole. Talvez
eu tenha exagerado na dose dos autores mais humanistas, perdoe-me, mas

é nesse momento que você tem um lampejo de coragem e esperança e, mesmo com medo, começa a vislumbrar uma versão sua sem tanto medo do medo. Sem tanta raiva da tristeza. Começa a sonhar com a possibilidade de uma existência sem tanto ciúme. Fica talvez com vontade de decorar alguns poemas que foram importantes na sua adolescência. Retoma os planos de tocar violino, viajar pelo mundo sem muito planejamento ou entrar sem roupas no mar. Começa a sentir vontade de escrever cartas e enviá-las pelo correio a antigos amigos, dizendo o quanto eles foram importantes. Pensa em fazer um novo curso ou começar uma nova carreira em algo que sempre foi importante para você, mas sempre ouviu dizer que não era para "alguém como você".

"Alguém como você" começa a deixar de ser uma sentença limitadora para ser uma promessa de uma vida louca e deliciosamente sã. Você percebe que sua sanidade, sua saúde mental não tem nada a ver com não sofrer ou não ter proble-

mas. Nem com não
ser mais rejeitado. Tem a
ver com você ter a coragem
de ser quem é, em um mun-
do que parece tentar fazer de tudo
para você ser qualquer pessoa, menos
você mesmo. E, mesmo quando você não
tem ideia de quem você é, ou não se reconhece
mais, você se permite entrar em um processo
de morte e renascimento para descobrir novas
facetas de você mesmo.

Bem-vindo! Talvez agora, pela primeira
vez, você consiga se reconhecer no espelho. Livre, você pode ajudar a libertar tantos outros
e, sempre que precisar, pode voltar e provar
de outros drinques que a Psicologia, a Psica-
nálise, os processos terapêuticos e filosóficos
têm a oferecer.

Os conhecimentos psicológico, filosófico e ar-
tístico estão à sua disposição. Para que possam
ajudá-lo, é preciso que casem com sua individualidade. Ninguém melhor do que sua
própria sabedoria interna para guiá-
lo na escrita da sua própria *Psicologia no cotidiano*. De agora em
diante, o autor é você.

GRÁFICA PAYM
Tel. [11] 4392-3344
paym@graficapaym.com.br